Mathias Jung

Mein Charakter – mein Schicksal?

Die Kunst, sich zu erkennen
und sich zu entwickeln

> *Durch den eigenen Charakter
> bestimmt sich jedem das Schicksal.*
> Marcus Tullius Ciccro
> Paradoxa Stoicorum

emu-Verlag

CHARAKTERMASKEN

ISBN 978-3-89189-109-4

7. Auflage 2026

© 2004 by emu Verlags- und Vertriebs-GmbH,
Dr.-Max-Otto-Bruker-Str. 3, 56112 Lahnstein
info@emu-verlag.de
www.emu-verlag.de Lahnstein
Alle Rechte, auch die des auszugsweisen Nachdrucks, der foto-
mechanischen Wiedergabe und der Übersetzung vorbehalten.
Umschlagbild: Martin Gutjahr-Jung
Umschlaggestaltung: Martin Gutjahr-Jung
Zeichnungen: Rainer Taudien
Satz: Eberl & Koesel Studio, Kempten
Druck: Memminger MedienCentrum AG, Memmingen

Inhaltsverzeichnis

Richard III.:
Ein schlimmer Charakter 7

Cholerisch, melancholisch, phlegmatisch,
sanguinisch: Von Hippokrates bis Steiner 33

Extravertiert oder introvertiert?
C.G. Jung 59

Dressate – Fritz Künkel:
Botschaften aus der Vergangenheit 79

Die vier Charaktere nach Riemann:
Der Schizoide 103
Der Depressive 125
Der Zwanghafte 153
Der Hysteriker 183

Verändern, aber wie? 207

Richard III.:
Ein schlimmer Charakter

Der überwiegende Teil der Tiefsee ist unerforscht. Gewaltige Kraken werden manchmal, in Einzelteilen, an Land gespült. Was sonst noch in der ewigen Dunkelheit der Weltmeere existiert, wissen wir nicht. Da drunten regt und agiert nur Unbekanntes, dessen wir vielleicht nie ansichtig werden. Was mich weder erstaunt noch überrascht. Wir selber als Menschen sind ja das wandelnde Paradigma (Beispiel – M. J.) solcher Unkenntnis. In uns selber in uneinsehbaren Schichten verborgen hausen doch auch Ungeheuer unsäglichster Art, von denen manchmal hier und da einiges ans Licht tritt, ohne uns das volle Ausmaß des im Geheimen Wirkenden kenntlich zu machen.

      Günter Kunert
      Die Botschaft des Hotelzimmers
      an den Gast

In dem Königsdrama Richard III. beschreibt William Shakespeare die grausamen Kämpfe zwischen den Familien Lancaster und York. Richard III. – das ist ein schlimmer Charakter. Daran lässt Shakespeare keinen Zweifel, niemand würde das nach dem Theaterbesuch bestreiten wollen. Gloster ermordet

Heinrich VI. und besteigt als Richard III. den englischen Thron. Der Königsmörder wird als hinkend und missgestaltet dargestellt, im Leben zu kurz gekommen. Von Anfang an lässt er weder einen Zweifel an seinen Absichten noch an seinem üblen Charakter. Bereits im einleitenden Monolog zu Richard III. bekennt der spätere König schamlos:

Doch ich, zu Possenspielen nicht gemacht,
Noch um zu buhlen mit verliebten Spiegeln;
Ich, roh geprägt, entblößt von Liebes-Majestät,
Vor leicht sich dreh'nden Nymphen sich zu brüsten;
Ich, um dies schöne Ebenmaß verkürzt,
Von der Natur um Bildung falsch betrogen,
Entstellt, verwahrlost, vor der Zeit gesandt,
In diese Welt des Atmens, halb kaum fertig,
Gemacht, und zwar so lahm und ungeziemend,
Dass Hunde bellen, hink' ich wo vorbei; (...)
Und darum, weil ich nicht als ein Verliebter
Kann kürzen diese fein beredten Tage,
Bin ich gewillt, ein Bösewicht zu werden
Und Feind den eitlen Freuden dieser Tage.

Richard III. fordert sogar das Verständnis des Zuschauers für seine Existenz als Bösewicht: Die Natur hat ihn mit seiner Verkrüppelung schwer benachteiligt. Also hat er ein Anrecht darauf, sich dafür zu entschädigen und über Tötungshemmungen hinwegzusetzen. Da ihm selbst Unrecht geschah, darf er Unrecht tun. Richard III. ist die Verkörperung einer rasend machenden narzisstischen Kränkung. Aus dieser Konstellation bezieht das Bühnenstück seine dramatische Spannung.

Wir selbst sympathisieren in einer verborgenen Ecke unseres Herzens mit diesem Verbrecher aus verlorener Ehre. Ein Stück seiner dunklen Seele ist auch in uns. Darum fasziniert uns sein grausamer Amoklauf so. Böse Charaktere sind meist interessanter als brave. Wenn das nicht so wäre, wären die Einschaltquoten bei TV-Krimis längst gefallen. Verschafft es uns vielleicht auch eine verborgene, pharisäerhafte Befriedigung, dass wir *nicht* so sind wie diese Drogendealer, Giftmischerinnen und Killer? Dabei spielt das Böse in unserem Seelenhaushalt eine unersetzliche, möglicherweise kompensatorische Rolle. Wenn wir uns insgeheim an den schlimmen Charakteren der Königsmörder und Killer delektieren, geben wir unseren verborgenen, aggressiven Instinkten und Tötungswünschen Zucker. Dies ist der Schatten des Unbewussten.

Selbst Kinder „brauchen" die Existenz des Bösen für ihre komplizierte Seelenökonomie – warum würden die Kleinen denn sonst die grausamsten Märchen und die Jugendlichen Harry Potter in seinem Überlebenskampf gegen den entsetzlichen Lord Voldemort favorisieren? Nein, dass es Menschen mit dunklem Charakter immer schon gegeben hat und Folterknechte, Terroristen und bornierte Präsidenten die Welt bevölkern, daran zweifeln wir nicht. Wir studieren vielmehr interessiert ihre Charakterbilder.

Friedrich Nietzsche (1844 – 1900), der große Psychologe unter den Philosophen, meint in seiner Reflexion über *zurückgebliebene und vorwegnehmende Menschen: Der unangenehme Charakter, welcher voller Misstrauen ist, alles glückliche Gelingen der Mitbewerbenden und Nächsten mit Neid fühlt, gegen abweichende Meinungen gewalttätig und aufbrausend ist, zeigt, dass er einer frühen Stufe der Kultur zugehört, also ein Überbleibsel ist: denn die Art, in welcher er mit den Menschen verkehrt, war die rechte und zutreffende für die Zustände eines Faustrecht-Zeitalters; es ist ein zurückgebliebener Mensch.*

Ein anderer Charakter, welcher reich an Mitfreude ist, überall Freunde gewinnt, alles Wachsende und Werdende liebevoll empfindet, alle Ehre und Erfolge anderer mitgenießt und kein Vorrecht, das Wahre allein zu erkennen, in Anspruch nimmt, sondern voll eines bescheidenen

Misstrauens ist, – das ist ein vorwegnehmender Mensch, welcher einer höheren Kultur der Menschen entgegenstrebt.

Der unangenehme Charakter stammt aus den Zeiten, wo die rohen Fundamente des menschlichen Verkehrs erst zu bauen waren, der andere lebt auf deren höchsten Stockwerken, möglichst entfernt von dem wilden Tier, welches in den Kellern, unter den Fundamenten der Kultur eingeschlossen, wütet und heult.

Wir Menschen sind charakterlich auf eine geradezu dramatische Weise verschieden. Gerade das macht die Spannung und die Reibung, die Anziehung und die Abstoßung zwischen uns und den anderen aus. Unsere eigenen Charaktereigenarten vermögen wir kaum zu erkennen. Hier haben wir einen blinden Fleck. Wir neigen zur Selbstidealisierung und Selbststilisierung. Wir fühlen uns richtig so, wie wir sind. Wir sehen den Splitter im Auge des anderen, nicht jedoch den Balken im eigenen. Mehr noch: Jeder von uns hält, wenn er nicht psychologisch geschult ist, die eigene Wesensbildung für die allgemein richtige, sozusagen für die DIN-Norm des Charakters. Es ist uns, wenn wir ehrlich sind, letztlich unverständlich, dass man die Welt auch anders betrachten kann. Bin ich Optimist, sage ich: *Ich sehe Licht am Ende des Tun-*

nels. Bin ich Pessimist, erwidere ich: *Ja, da kommt uns ein Zug entgegen.*

Der Schweizer Arzt und Psychoanalytiker Carl Gustav Jung (1875 – 1961) hält dieses Paradoxon in seinem Grundsatzwerk *Psychologische Typen* 1921 so fest: *Es ist eine Tatsache, die mir in meiner praktischen Arbeit immer wieder überwältigend entgegentritt, dass der Mensch nahezu unfähig ist, einen anderen Standpunkt als seinen eigenen zu begreifen und gelten zu lassen. In kleineren Dingen hilft die allgemeine Oberflächlichkeit, eine nicht gerade häufige Nachsicht und Toleranz und ein seltenes Wohlwollen, eine Brücke über den Abgrund der Verständnislosigkeit zu schlagen. In wichtigeren Dingen aber, und besonders in solchen, wo die Ideale des Typus in Frage kommen, scheint eine Verständigung meist zu den Unmöglichkeiten zu gehören.*

Wenn ich mich selbst betrachte, so muss ich gestehen, dass zum Beispiel mein Schreibtisch ein notorischer Saustall ist. Ich bekomme das Chaos nicht in den Griff. So weit so schlecht. Schlimmer noch: Menschen, die ihren Schreibtisch tadellos aufgeräumt haben, beneide ich. Ich verstehe sie aber, wenn ich ehrlich bin, nicht. Für mich sind sie insgeheim *Bürokraten, Korinthenkacker und Sesselfurzer*. Im Grunde fehlt mir das tiefere Verständnis für ihre klare Struktur und Korrektheit. Meine Stärke ist eher das Intuitive, die Improvisation und das freischwebend Schöpferische.

Genau dieses Unvermögen, eine andere Charakterbildung in ihrem Wesen zu verstehen und zu würdigen, meint C. G. Jung. Er schlägt vor: *Eine Basis zur Schlichtung des Streites der Auffassung könnte nach meiner Überzeugung die Anerkennung von Typen der Einstellung sein, aber nicht nur der Existenz solcher Typen, sondern auch der Tatsache, dass jeder in seinem Typus bis zu dem Grade befangen ist, dass er des völligen Verständnisses eines anderen Standpunktes unfähig ist.*

Ich selbst sehe mich nicht von außen. *Der Affe,* sagt ein afrikanisches Sprichwort, *sieht den eigenen Hintern nicht.* Zwar kann ich wohl erkennen, welche Mitgift mir meine Charakterbildung beschert hat, aber die Hypothek werde ich so schnell nicht gewahr. Umso genauer sehe ich es in anderen Partnerschaften, zum Beispiel während meiner paartherapeutischen Sitzungen. Da rauft sich die Frau die Haare: *Warum kriegt er den Mund nicht auf? Warum zeigt er keine Gefühle? Warum ist er so geizig? Warum hockt der ausgewachsene Mann Abend für Abend so infantil vor seinem Computerspiel?* Der Mann stöhnt: *Warum klammert sie so? Warum hat sie so nah am Was-*

ser gebaut? Warum mag sie keine Tiere? Warum nörgelt sie so mit den Kindern herum? Warum hat sie so depressive Ansichten?

Die Existenz von Typen zu leugnen hilft nach C. G. Jung nicht gegen die Tatsache ihres Daseins. Nietzsche sagt es in seinem Spätwerk *Zarathustra* scharfsinnig so: *Zu jeder Seele gehört eine andere Welt; für jede Seele ist jede andere Seele eine Hinterwelt. Zwischen dem Ähnlichsten gerade lügt der Schein am schönsten.*

Dabei können wir uns diesen *blinden Fleck* nicht leisten. Schul- und Arbeitszeugnisse kommen nicht ohne charakterliche Beurteilungen aus. Wir wissen: Nur wer sich verändert, bleibt sich treu. Um mich aber entwickeln zu können, muss ich mir erst über mich selbst klar werden. *Erkenne dich selbst* stand auf dem Fries des Tempels von Delphi. Sokrates bekundete vor dem Athener Gericht, das ihn 399 v. Chr. zum Tode verurteilte, in einer der bedeutendsten forensischen Reden der Weltgeschichte: *Ein Leben ohne Selbsterforschung verdiente gar nicht gelebt zu werden.*

Die Wissenschaft vom Charakter und unsere Selbsterkenntnis sind also Erfordernisse von hoher Wichtigkeit. Können Charakterlehren mit ihren schematischen Typologien dem Individuum überhaupt gerecht werden? Eine angemessene Antwort kann nur lauten: nein und ja.

Nein, weil jedes Individuum ein einzigartiges Wesen, ein Unikat, ein Solitär ist, das es so unter den Milliarden Menschen nicht mehr gibt. Die Affenforscherin Jane Goodall hat die einzigartige emotionale, mentale und soziale Existenz sogar bei Schimpansen nachgewiesen. Diese werden bis zu fünfzig Jahre alt und zeigen eine sich biografisch wandelnde geistige Statur. Innerhalb ihrer Gruppe nehmen sie ganz genau definierte, sich im Laufe ihres Lebens ändernde, soziale Positionen ein.

Auch mit den literarisch-psychologischen Fähigkeiten eines Goethe wird man einen Menschen niemals zur Gänze ausloten und erfassen können. Goethe selbst ist das in seinem grandiosen Narrativ *Dichtung und Wahrheit* über die ersten sechsundzwanzig Jahre seines Lebens nicht gelungen. Er hatte es, wie der Titel schon sagt, auch gar nicht darauf angelegt. Der Dichter hat sich nachträglich interpretiert und stilisiert, statt sich naturalistisch abzubilden.

Jeder Mensch ist ein Kosmos für sich, ein Komplex zum Teil widerstrebender Haltungen, Leidenschaften, körperlicher und spiritueller Eigentümlichkeiten und Verhaltensweisen. Der Schriftsteller August Strindberg (1849 – 1912) registriert in seinem autobiografisch gefärbten Roman *Der Sohn der Magd*: *Das Ich ist nichts Einseitiges, es ist vielmehr eine Mannigfaltigkeit von Reflexen, ein ganzer Komplex von Trieben und Begierden, von denen stets einige unterdrückt, andere entfesselt sind.*

Sicher kann man ein Ich nicht kalibrieren, schablonisieren und in Schubladen stecken. Es ist immer bedenklich, verschiedene Individuen über einen Kamm zu scheren, umso mehr, wenn die Charakterologien einfältig, spekulativ oder extrem künstlich sind. Aber, und das ist das Ja, es gibt zwischen Menschen gravierende, ins Auge springende Wesensubereinstimmungen und auffallende charakterliche Gemeinsamkeiten wie auch geradezu schockierende mentale Unterschiede.

Paare finden sich überwiegend nach dem Prinzip *gleich und gleich gesellt sich gern*. Sie brauchen nicht lange, um ihre Gemeinsamkeiten herauszufinden. Das ist meist schon bei der Erstbegegnung, nach rascher Blickdiagnose und einem Fünf-Minuten-Dialog geschehen. Wir selbst ordnen Menschen in unserer Umgebung rasch in gewisse charakterliche Kategorien ein wie *heiter, kühl-distanziert, hilfsbereit, melancholisch, zugewandt, zugeknöpft*. Theater, Film, Komödie, Kabarett nähren sich geradezu von der Stereotypie menschlicher Rollen. Jede Kindergärtnerin und jeder Lehrer sollte die ihm anvertrauten Kinder charakterlich einschätzen können.

Charakterprägungen sind wie Farben. Sie enthalten zwar ein Element des Subjektiven, sie kolorieren jedoch das Menschliche plastisch und unverwechselbar: *Adenauer war ein rheinisches Schlitzohr, Strauß ein bayerisches Urvieh, Scholz der Kühle aus dem hohen Norden*. So charakterisieren wir etwa mit dem klassifikatorischen Instrument landsmännischer Wesensbildung. Natürlich besitzt jeder von uns einen spezifischen Charakter. Wir treten ihm jedoch nicht zu nahe, wenn wir ihn in einem allgemeinen Koordinatensystem zu orten suchen. Wir müssen uns allerdings darüber klar sein, dass jede wissenschaftliche Charakterbeschreibung nur eine *Annäherung* ist und kein *Abziehbild*. Trotzdem leistet eine realistische, klinisch abgestützte und schöpferisch praktizierte Charakterkunde Fruchtbares beim Verständnis des Menschen und der eigenen Individuation. Denn, so

C. G. Jung (*Werke XVII, S. 210*), *das Werden der Persönlichkeit ist ein Wagnis*.

Die Individualität, Sperrigkeit und Tragik des Menschen in seiner existenziellen Einsamkeit verbietet es, ihn mit Charaktersouvenirs aus den modischen Weltanschauungsboutiquen abzuspeisen. Da wäre zum Beispiel das in allen Illustrierten dargebotene Horoskop. Der Begriff geht auf die altgriechischen Worte *horos*, die *Geburtsstunde*, und *skopein, betrachten*, zurück. Dahinter steckt die poetische Idee von einer kosmischen Verbindung des Menschen mit dem Universum. Das ist im horoskopischen Fall allerdings auf den Hinterhof unseres Planetensystems beschränkt und umfasst diesen nicht einmal vollständig.

Sind die Gestirne wirklich Schicksalsmächte? Jeder zweite Deutsche hält das für möglich. Mehr als die Hälfte aller Bundesbürger liest Horoskope in Illustrierten. Das macht die Sache nicht schlüssiger, denn die Widersprüche sind unabweisbar: Warum sollte die Planeten-Sonne-Konjunktur nur zum Zeitpunkt der Geburt und nicht der Zeugung Bedeutung haben? Warum sollten uns ausgerechnet jene Handvoll Planeten aus den Milliarden Sternen konstellieren, die der Mensch willkürlich zu Sternbildern arrangiert hat? Warum folgt das Gros sogenannter Astrologen veralteten Sternbildern?

Bekanntlich befinden sich durch die langsame Kreiselbewegung der Erdachse die Sterne nicht mehr am gleichen Ort wie vor 2000 Jahren. Wer sich beispielsweise als Sternbild Krebs definiert, ist in Wahrheit mit der Sonne im Sternbild Zwilling geboren. Reinhard Wiechoczek, der Präsident der Planetariumsgesellschaft Ostwestfalen-Lippe, kritisiert als Experte (in STERN 35/2004): *Das wurde nicht berücksichtigt, obwohl dieses Phänomen schon lange bekannt ist. Es zeigt, auf welcher vorsintflutlichen Grundlage die Lehre steht.*

Bereits 1975 erklärten 186 Gelehrte, darunter 19 Nobelpreisträger und zahlreiche Astronomen, in einem Manifest, dass es *keine wissenschaftlichen Grundlagen* für die Behauptungen der Astrologie gibt, die von *Scharlatanen* betrieben würde.

Redakteure des wissenschaftlichen WDR-Fernsehmagazins *Quarks & Co* unternahmen ein aufschlussreiches psychologisches Experiment. Unter dem fiktiven Briefbogen *Eclipse-Astro-Forschungsgruppe* offerierten sie in einem Zeitungsinserat kostenlos ein persönliches schriftliches Horoskop. Mehr als

200 Leser übersandten ihre Geburtsdaten. Anhand eines Fragebogens wurden sie gebeten mitzuteilen, ob sie sich in dem von der Eclipse-Astro-Forschungsgruppe erstellten Horoskop wiedererkennen würden. 76 Prozent der Schreiber antworteten mit *Ja, mein Charakter wird gut beschrieben*. 15 Prozent rühmten sogar mit *Perfekt, es stimmt alles*. Tatsächlich hatten alle ein gleichlautendes Horoskop erhalten. Es war das des Hannoveraners Fritz Haarmann: Der abartige Kannibalist wurde 1925 hingerichtet, weil er zwei Dutzend junge Männer bestialisch ermordet und als gelernter Metzger zum Teil zu Wurst und Geselchtem verarbeitet hatte...

Auch mit der karmischen Charakterbestimmung, wie sie die westliche Esoterikszene vom – ungleich tieferen – Buddhismus übernommen hat, bewegen wir uns auf trügerischem Grund. Hier, wie in den so genannten Rückführungstherapien, wird die realistische und meist schmerzhafte Arbeit am eigenen Charakter verlassen, zu Gunsten einer rein spekulativen und narzisstisch überhöhten Projektion in eine imaginäre Vergangenheit – bevorzugt natürlich als spanischer General oder als böhmische Prinzessin.

Ich werde nie eine Talkshow über „Reinkarnation" bei Ilona Christen vergessen, zu der ich in den

Neunzigerjahren als therapeutischer Experte eingeladen war. Eine Hausfrau aus dem Ruhrgebiet gab an – es war auf dem Höhepunkt der Entdeckung des Gletschermannes von Similaun –, in ihrem früheren Leben „Ötzi" gewesen zu sein. Eine attraktive Schwedin, die sich für teures Geld einfliegen und in einem First-Class-Hotel unterbringen ließ, behauptete geschmackloserweise, in ihrer vorletzten Existenz das im KZ der Nazis umgekommene jüdische Mädchen Anne Frank gewesen zu sein ...

Da ist mir denn doch der Schauspieler Hans Moser sympathischer, der, ein Weinglas in der Hand, sang: *Ich muss in meinem früheren Leben a' Reblaus g'wesen sein*. So wie er das sang, musste man es ihm einfach glauben.

Dann gibt es da noch die Lehre der Phrenologie, der Schädelkunde, nach der angeblich der Charakter zu bestimmen sei. Wie wir wissen, haben die Nazis von dieser „Wissenschaft" verbrecherisch Gebrauch gemacht („Slawische Untermenschen" sollten beispielsweise an ihrer „fliehenden Stirn" zu erkennen sein...). Auch die Physiognomie, die „Antlitzlehre" des seligen Johann Kaspar Lavater (1741 – 1801), war bei den Nazi-Ideologen beliebt und feiert eine Wiedergeburt in der Esoterikszene – als „Antlitzdiagnostik". Dabei war Lavaters Werk bestenfalls Dilettantismus. Man könnte mit Humphrey Bogart darauf antworten: *Was ich habe, ist Charakter in meinem Gesicht. Hat mich 'ne Masse langer Nächte und Drinks gekostet, das hinzukriegen.*

Größe und Form des Schädels, des Gesichtes und des Körperbaus konstituierten auch bei dem rassistisch gefärbten Italiener Cesare Lombroso (1836 bis 1909) eine morphologische Charaktertypologie, mit denen seine Landsleute vor allem Verbrecher jagten: Der „geborene Vagabund" *(vagabondo nato)*, der *vagabundierende Imbecille (imbecille vagabondo)*, der *feminine Typ (tipo femminino)*, der *geborene Spion (spia nato)*, der geborene geniale Kriminelle *(genio reo nato)* und so weiter. Für die Kriminalpsychologie bedeutete Lombroso mit seiner Festlegung von *Verbrechertypen* einen Rückschritt gegenüber der bereits erreichten, humanitären Position der Rehabilitation und Resozialisierung von straffälligen Menschen.

Auf die persischen Sufis und die Russen Georg Iwanowitsch Gurdjjeff (1873 – 1949) und seinen Schüler Peter Demianowitsch Ouspensky (1878 bis 1947) geht das *Enneagramm* zurück. Seine neun Typen beschreibt die Amerikanerin Helen Palmer (*Das Enneagramm. Sich selbst und andere verstehen lernen*) mit folgenden Attributen: *1. Perfektionist, 2. Geber, 3. Dynamiker, 4. tragischer Romantiker, 5. Beobachter, 6. der Advokat des Teufels, 7. Epikureer, 8. Boss, 9. Vermittler*. Dies sind, leicht zu erkennen, reichlich zufällig ausgewählte Charaktermerkmale, oberflächlich und ohne tiefere Dimension. Sie sind zudem undialektisch und statisch, frei nach dem alten deutschen Spruch: *Ein Aff bleibt ein Aff – wird er König oder Pfaff*.

Solche Charakterattributierungen lassen sich gegebenenfalls hilfsweise heranziehen, aber sie bewegen sich in einem vorwissenschaftlichen Raum, ebenso wie astrologische Generalisierungen (*der* Skorpion, *die* Waage usw.). Ich jedenfalls bin als so genannter Schütze immer wieder hell erstaunt, mit welchen im Dezember geborenen Zeitgenossen ich angeblich strukturelle Wesensgleichheiten auf Grund der Planetenkonjunktion haben soll. Das ist alles so vage wie jene ironische Aussage des großen österreichischen Romanciers Robert Musil, nach dem jeder Mensch *mindestens neun Charaktere besitze: Einen Berufs-, einen National-, einen Klassen-, einen geografischen-, einen Geschlechts-, einen bewussten-, einen unbewussten und vielleicht auch noch einen privaten Charakter*, – obendrein einen zehnten, der *nichts als die Fantasie unausgefüllter Räume* sei.

Eine wichtigere Frage stellt sich allerdings: Ist unser Charakter ererbt oder erworben? Machen Gene aus einem Neugeborenen einen Nobelpreisträger oder einen Looser? Von den Neurowissenschaftlern wissen wir heute: Es sind Signale aus der Umwelt, die beeinflussen, wie sich eine genetische Information entwickelt. Das Zusammenspiel von Genom und Umwelt schafft die qualitative Einmaligkeit eines Individuums. Genetisch unerlässlich ist das Prinzip der Selbsterhaltung und der Arterhaltung. Der Mensch ist einerseits determiniert, durch die Erbmasse bestimmt, andererseits indeterminiert, das heißt mit einer Vielzahl von Möglichkeiten und Freiheiten ausgestattet. Der Neurowissenschaftler Wolf Singer vom Frankfurter Max-Planck-Institut für Hirnforschung formuliert es einmal so: *Wenn ein Kind aus der Steinzeit statt in seiner Höhle hier und heute aufwachsen würde, mit Bilderbüchern, Gameboy und ferngesteuerten Autos, dann würde es genauso werden wie wir. Die genetische Ausstattung des Menschen hat sich in den letzten Jahrtausenden nur unwesentlich verändert.*

Niemand wird durch seine Gene gezwungen, ein schlechter Mensch zu werden. Ein Kind allerdings, das mit unzureichenden „Mitteln" und „Stoff" zur Welt kommt, also zum Beispiel untergewichtig und längere Zeit konstitutionell schwach bleibt, kann dies, wenn die Betreuung nicht kompensatorisch eingreift, mit Entwicklungshemmungen und kognitiven Fehlleistungen bezahlen. Zwischen Erbmasse und Umgebung finden ununterbrochen Wechselwirkungen, Aktionen und Reaktionen, statt.

Der Psychotherapeut Fritz Künkel bringt in seiner *Einführung in die Charakterkunde* ein anschauliches Beispiel. Werden zwei Geschwister zu hart erzogen, so werden sich gewisse subjektive Charakterbildungen einstellen, die jedoch völlig unterschiedlich ausfallen können. Ist nämlich das ältere Kind widerstandsfähiger von seiner Erbausstattung her, so setzt es sich mit der harten Erziehung aktiv und kämpferisch auseinander. Es entsteht nach Künkel ein *aktiver, verhärteter Charakter*. Ist das zweite Kind umgekehrt so zart und feinfühlig, dass es sich nicht aktiv gegen die Härte zur Wehr setzen kann, sondern in resignativen Widerstand zurückgedrängt wird, so entsteht ein *passiv verhärteter Charakter*.

In der Dialektik zwischen genetischer Ausstattung und Umweltbeeinflussung entsteht eine unendliche Fülle von Charakterabstufungen und -mischungen. Das Kind jedenfalls erschafft sich jeden Tag ein neues

Universum. Im Gurren, Lallen und Kieksen bereitet der Säugling das erste Wort phonetisch vor. Kinder verfügen über eine Fülle komplexer Forschungs- und Erprobungsstrategien. Sie erbringen hohe Anpassungsleistungen. Sie verzaubern Erwachsene mit ihrem *sozialen Lächeln*. Am wichtigsten ist für sie der emotionale Kontakt mit den Eltern.

Sobald das Kind den Mutterleib verlässt, baut sich sein Gehirn mit hohem Tempo aus. Die Sinnesorgane empfangen ständig Signale aus der Umwelt und leiten sie an die Neuronen weiter. Diese werden angeregt und verknüpfen sich an ihren Kontaktstellen, den Synapsen, zu neuronalen Netzen. Seitdem sich die Psychotherapie neurobiologisch fundiert hat, gehört es zur Grundkenntnis, dass auch und gerade die Gefühle und damit der Prozess der Charakterbildung – ängstlich, schöpferisch inszenierend, verschlossen, zwanghaft – neuronal vernetzt werden. Je häufiger eine Verbindung durch denselben Reiz bestätigt wird, desto intensiver verfestigt sie sich. Der Säugling lernt. Sein Gehirn entwickelt sich sprunghaft. Sein seelischer Komplex entfaltet sich. Das Gehirn baut an seiner „funktionalen Architektur", dem neuronalen Gerüst. Das bestimmt, was ein Mensch fühlt, kann – und wer er ist.

Zu keinem anderen Zeitpunkt qualifizieren sich das Gehirn, die Gefühlspalette und die Wesensstruktur des Kleinkindes so sehr wie in diesem initiatorischen Lebensabschnitt. Wie sehr das Kind in diesem Zyklus ein kristallinklarer Spiegel seiner Umwelt ist und wie einzigartig stark das emotionale Ambiente dieses Kind für sein ganzes künftiges Leben prägt, werden wir in der modernen psychoanalytischen Charakterlehre noch sehen. Es war die Revolution der Tiefenpsychologie Sigmund Freuds und C. G. Jungs, die charakterliche Formung des Menschen in seinen ersten Lebensjahren anzusetzen und damit die alten, starren Konstitutionslehren zu überwinden. In diesem Sinn formulierte Freud entwicklungspsychologisch voller Achtung: *Was ist die strahlende Intelligenz eines Kindes gegen den durchschnittlichen Intellekt eines Erwachsenen!*

Bleibt die Frage: Ist der menschliche Charakter fest oder wandelbar? Sind wir im Kerker unseres Charakters gefangen? *Wenn du vernimmst, ein Berg sei versetzt worden, so glaube es,* meint ein arabisches Sprichwort, *wenn du aber vernimmst, ein Mensch habe seinen Charakter geändert, so glaube es nicht.* Auch der Philosoph Arthur Schopenhauer (1788 bis 1860) spricht dem Charakter eine große Trägheit zu: *Unter der veränderlichen Hülle seiner Jahre, seiner Verhältnisse, selbst seiner Kenntnisse und Ansichten, steckt, wie ein Krebs in seiner Schale, der identische und eigentliche Mensch, ganz unveränderlich und immer derselbe.* Dagegen meint der russische Dichter Alexander Puschkin (1799 – 1837): *Es fliehen, sich wandelnd, unsere Jahre. Sie wandeln alles, wandeln uns.* Bereits das römische Sprichwort bekundete: *Tempora mutantur et nos mutamur in illis. Die Zeiten ändern sich, und wir verändern uns in ihnen.*

Was stimmt nun? Können wir uns *grundsätzlich* ändern? Halten wir die Frage erst einmal offen. Schauen wir uns die unterschiedlichen Bestimmungen von Charaktertypen in der psychologischen Literatur an. Das ist fesselnd, weil es von dir und mir, liebe Leserin, lieber Leser, handelt.

Kehren wir noch einmal zu unserem königlichen Mörder Richard III. zurück: Rücksichtslos bis zum Äußersten, kennt er nur ein Ziel – alle Widerstände zu beseitigen, um ins Brautbett der schönen Prinzessin Anna zu gelangen und den Königsthron zu usurpieren. Anstand, Sitte und „menschliche" Regungen gelten ihm nichts. Heuchelei und Verführung sind seine Waffen. Er schläft mit den Frauen, er stößt sie wieder ab und verhöhnt sie: *Ich will sie haben, doch nicht lang behalten. Wie? Ich, der Mörder ihres*

Mannes und Vaters, in ihres Herzens Abscheu sie zu fangen.

Richard kämpft mit übermenschlicher Energie: *Ich setz' auf einen Wurf mein Leben.* Für dieses Ziel räumt er alle aus dem Weg, die sich seiner Machtergreifung entgegenstellen: Heinrich VI., Richard, Herzog von York, George, Herzog von Clarence, Lord Hasting, Lord Grey, Graf Rivers, Earl Rivers, Sir Thomas Vaughan, Herzog von Buckingham. Der mörderische Blutsäufer freit Prinzessin Anna, nachdem er ihren Vater, Heinrich VI., und ihren Mann Edward getötet hat, und treibt sie schließlich in den Tod: *Ich will sie haben, doch nicht lang behalten. Ich, der Mörder ihres Mannes und Vaters.*

Nachdem Gloster alias Richard III. auch seine jungen Vettern im Tower erwürgen ließ, prophezeit ihm die Herzogin Margaretha, die Witwe Heinrich VI.: *Blutig, das bist du; blutig wirst du enden: Wie du dein Leben, wird dein Tod dich schänden.* Am Ende verzweifelt Richard selbst über seinen grausamen Charakter. Als es zur finalen Schlacht kommt, stammelt er:

Mein schauderndes Gebein deckt kalter Schweiß,
Was fürcht' ich denn? Mich selbst? (...)
Ich liebe ja mich selbst. Wofür? Für Gutes,

Das je ich selbst hätt an mir selbst getan?
O leider, nein! Vielmehr hass ich mich selbst,
Verhasster Taten, halb durch mich verübt (...)
Meineid, Meineid, im fürchterlichsten Grad,
Jedwede Sünd', in jedem Grad geübt,
Stürmt an die Schranken, rufend:
Schuldig! Schuldig!
Ich muß verzweifeln. – Kein Geschöpfe liebt mich,
Und sterb' ich, wird sich keine Seel' erbarmen.

Tod, Sünde und Hölle haben Richard III. gezeichnet. Vergeblich spannt er in der letzten Schlacht alle seine Kräfte an, selbst noch, als sein Pferd unter ihm stirbt (*Ein Pferd! Ein Pferd! Mein Königreich für ein Pferd!*). Das Gute siegt. Richard geht an seinem skrupellosen Charakter zugrunde. Richmond, der neue König Heinrich VII., triumphiert. Damit endet zugleich der endlose mörderische Krieg zwischen den Häusern Lancaster und York. Auf dem Tod des ruchlosen Richards gründet sich schließlich eine neue, segensreiche Zeit des Friedens. Ein Charakter wurde besichtigt.

Goethe sagt es in seiner *Italienischen Reise* mit epigrammatischer Kürze: *Das Leben eines Menschen ist sein Charakter.*

Cholerisch, melancholisch, phlegmatisch, sanguinisch: Von Hippokrates bis Steiner

> *Jeder Charakter,*
> *so eigentümlich er sein möge,*
> *und jedes Darzustellende,*
> *vom Stein herauf bis zum Menschen,*
> *hat Allgemeinheit;*
> *denn alles wiederholt sich,*
> *und es gibt kein Ding in der Welt,*
> *das nur einmal da wäre.*
> Goethe
> J. E. Eckermann,
> Gespräche mit Goethe

Solange es eine zivilisierte Menschheit gibt, hat es Charakterlehren gegeben. In der Bibel gibt es etwa die Charaktertypen des Dummen, des Ehrlichen oder des Gottesfürchtigen. Universaltypen tauchen in den Dialogen Platons und in Aristoteles *Nikomachischer Ethik* auf. Aristoteles spricht von den Charaktertypen des *Tapferen, Mäßigen, Zügellosen, Großzügigen, Hochgemuten, Sanftmütigen, Gefallsüchtigen, Unbeherrschten, Starrsinnigen, Glückseligen.* 319 v. Chr.

liefert uns Theophrast, ein Schüler des Aristoteles, in einem phänomenologischen Meisterstück dreißig verschiedene Charaktertypen.

In der griechischen Antike wurde die Charakterbildung als eng verbunden mit der elementaren Zusammensetzung der Natur gesehen. Für den Philosophen Empedokles (490 v. Chr. – 430 v. Chr.) ist die Natur aus vier Elementen zusammengesetzt: Luft, Erde, Feuer und Wasser. Hippokrates (um 460 v. Chr.), der „Vater der Medizin", ging einen Schritt weiter. Er lehrte, dass der Makrokosmos der Natur sich auch im Mikrokosmos des Individuums wiederspiegele. Den Elementen der Natur entsprächen im menschlichen Organismus bestimmte Säfte. Diese so genannte Humorallehre arbeitete der griechisch-römische Arzt Galen (129 – 201 nach d. Z.) in seiner berühmten Vier-Temperamentenlehre aus. Die Temperamente entsprechen dem jeweiligen Überwiegen eines „Saftes". Der Sanguiniker ist bestimmt durch die Fülle seines Blutes (lateinisch *sanguor*, *Blut*); der Melancholiker hat viel schwarze Galle (griechisch *cholos*, *Galle*; *melas*, *schwarz*) in sich; der Choleriker verfügt über ein hohes Quantum gelber Galle; der Phlegmatiker schließlich besitzt nur träge Säfte (griechisch *phlegma*, *der Schleim*).

Nach dieser Definition ist der Sanguiniker vergnüglich, leicht beweglich, eher oberflächlich; der Melancholiker gefühlvoll, fürsorglich, grüblerisch, traurig; der Choleriker aufbrausend, jähzornig, dominant; der Phlegmatiker ruhig, langsam, dickfellig. Körperliche wie seelische Gesundheit ist nach Hippokrates wie nach Galen eine Frage der *Homoiostase*, des *Gleichgewichts* zwischen den Körpersäften. Hier wurzelt auch der Begriff *Temperament* als ein anderes Wort für Charakter. Das lateinische Wort *temperare* bedeutet *abstimmen*, womit ursprünglich das Ausbalancieren der Körpersäfte gemeint ist. So sagen wir noch zweitausend Jahre später, jemand hat ein schwaches oder starkes Temperament.

Galen, der Leibarzt des römischen Kaisers und stoischen Philosophen Marc Aurel, erkannte die unterschiedliche Charakterbildung bereits bei Kindern: *Die Grundlage meiner ganzen Argumentation ist das Wissen von Unterschieden, die bei kleinen Kindern beobachtet werden können und uns die Eigenschaften der Seele enthüllen. Einige sind sehr träge, andere heftig; einige unersättliche Feinschmecker, andere gerade das Gegenteil; sie können schamlos sein oder schüchtern und zeigen viele andere analoge Unterschiede.* Galen ging nicht davon aus, dass die kindliche Seele in jeder Beziehung eine *Tabula rasa*, eine *unbeschriebene Tafel*, darstellt. Sonst müssten sich alle Kinder von Geburt an gleich verhalten. Das tun sie aber nicht. Die Tatsache, dass jede Mutter bereits in den ersten Lebenswochen eines Säuglings Verhaltensunterschiede bemerken kann, zeige, dass *die Natur der Seele nicht für alle gleich ist*.

Bis heute haben sich diese vier Temperamente als nützlich zur Beschreibung individueller Typen erwiesen. Es ist durchaus aufschlussreich, wenn ein Mädchen ihrer Busenfreundin den neuen Freund als Sanguiniker, Melancholiker, Choleriker oder Phlegmatiker vorstellt. Auch bei der Klassifizierung von Politikern sind diese Attribute erhellend. Ein Kanzler Kohl wurde für seine cholerischen Zornausbrüche ebenso gefürchtet wie für seine phlegmatische Kraft, Probleme aussitzen zu können, bewundert. Choleriker sind als Kinder oft kleine Tyrannen, später sind sie von Natur aus Führungstypen, übernehmen Kontrolle und verfügen über Ausdauer und Stärke. Sie zeigen ungern Schwächen und überdecken Verletzlichkeit mit Poltern. Sie sind stark und fordernd, körperlich eher gut gebaut und muskulös. Sehr oft sind sie Energiebündel. Cholerikerinnen gelten leicht als unweiblich, frei nach Hildegard Knefs Wort: *Brüllt ein Mann, ist er dynamisch. Brüllt eine Frau, ist sie hysterisch.*

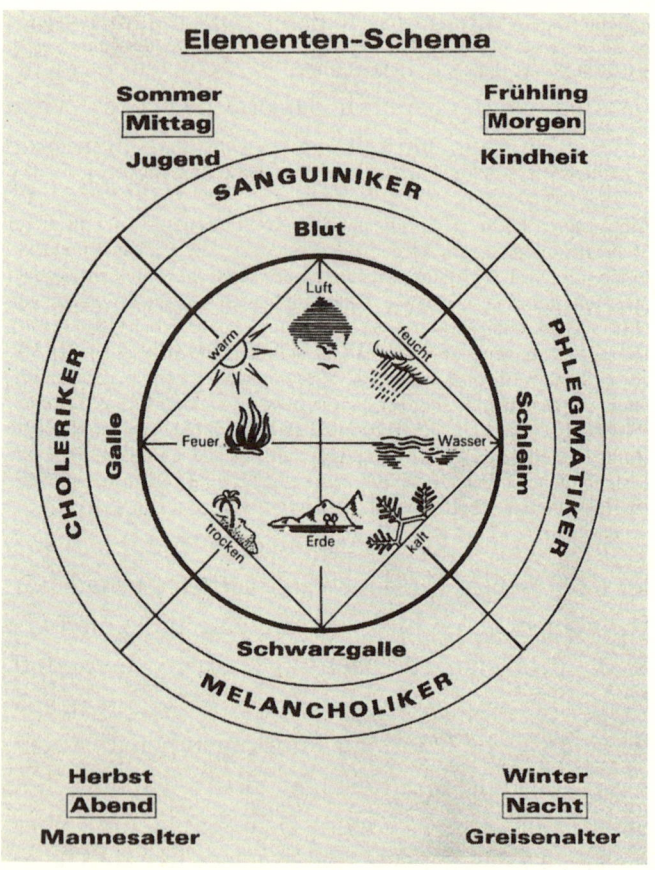

Der Melancholiker, der Mensch mit der „schwarzen Galle", ist schon als Kind überwiegend ernst und schwerblütig, ein Schwarzgucker. Ist das überhaupt ein Kind? In der Gesellschaft der übrigen Kinder spielt es häufig abseits, lacht wenig und grübelt viel in seiner inneren Abgeschlossenheit. Es neigt zu Hypochondrie und ist körperlich häufig schwach. Erwachsen geworden traut der Melancholiker den Zeitläufen nicht. Er nimmt immer das Schlimmste an und fragt sich, ob es sich überhaupt lohnt zu leben. Er oder sie fühlt sich wenig geschätzt *(keiner liebt mich)*. Gegenüber dem aktivistischen Choleriker ist der melancholische Mensch eher ein Träumer und Zauderer, schwach in Entscheidungen und im Stimmumfang.

Für den Frohsinn wenig empfänglich, sind Melancholiker jedoch oft einfühlsam, geduldig, idealistisch und fantasievoll. Sie neigen, wie der Philosoph Immanuel Kant (1724 – 1804) konstatiert, zur Einzelgängerei, aber auch zur unabhängigen Urteilsbildung: *Der Mensch von melancholischer Gemütsverfassung kümmert sich wenig darum, was andere urteilen, was sie für gut oder für wahr halten, er stützt sich bloß auf seine eigene Einsicht.* (Aus: *Beobachtungen über das Gefühl des Schönen und Erhabenen.*)

Phlegmatiker haben eine schlechte Presse. Sie werden leicht für dumm und faul gehalten. Weder das eine noch das andere stimmt. Der phlegmatische Mensch ist ruhig, langsam, aber gründlich, etwas verschlossen und oft hochintelligent. Er ist ein Traditionalist und liebt das Vertraute. Während etwa der Sanguiniker eine abwechslungsreiche Arbeit liebt und im Archiv eines Instituts wie eine Primel ohne Wasser verdorren würde, zieht der Phlegmatiker einen ruhigen Routinejob vor. Er ist akribisch und sorgfältig. Er weigert sich, mehrere Dinge gleichzeitig zu machen. Er ist verantwortungsbewusst, vielleicht etwas fantasielos, dafür jedoch freundlich und hilfsbereit. Der Phlegmatiker ist wie ein Neufundländer: Er liebt Frieden und Ruhe und ist ein rücksichtsvoller Gefährte. Er isst gerne, viel und gut. Er ist vom äußeren Erscheinungsbild eher schwammig, wirkt leicht dicker, als er eigentlich ist.

Wo andere Menschen, wie der Sanguiniker, sich in der Liebe und im Sport ekstatisch begeistern, kann der Phlegmatiker höchstens anflugsweise lächeln. Er hat einen Hang zur Bequemlichkeit, zu einer gewissen geistigen und körperlichen Schwerfälligkeit. Sein Gang ist meist behäbig, sein Kleidungsstil konservativ. Er ist ein guter und beständiger Arbeiter. Er liebt seine Häuslichkeit und hat über Jahrzehnte hinweg dieselben Freunde. Die Phlegmatikerin ist froh, im Konvoi des Mannes zu fahren, er soll für sie handeln. Feuer und Hingebung sind für den Phlegmatiker Fremdworte. Dafür ist er mit Sicherheit zuverlässiger als alle drei anderen Temperamente. Für andere Menschen stellt er den verlässlichen Hafen dar. Er gerät nicht so leicht in Rage wie der Choleriker, ist nicht so depressiv eingefärbt wie der Melancholiker und nicht so unzuverlässig wie der Sanguiniker.

Was der Phlegmatiker anfängt, bringt er zu Ende. Er vermeidet Konflikte. Er übernimmt undankbare Aufgaben. Er nimmt gelassen das Alter an. Er ist gutmütig, treusorgend. In der Sexualität ist er wenig leidenschaftlich. Romantik liegt ihm nicht. Ruhe ist das Ideal dieses Kaltblütlers, er strahlt sie aber auch aus. Auf seine Art drückt der Phlegmatiker mit seiner Hartnäckigkeit und hohen inneren Konsistenz der Umgebung seinen Stempel auf. Der französische Moralist François de La Rochefoucauld (1613 – 1680) würdigt das phlegmatische Temperament in seiner subversiven Kraft so: *Man irrt sich, wenn man glaubt, dass die stürmischen Leidenschaften wie Ehrgeiz und Liebe den anderen überlegen seien. Auch Trägheit wird trotz ihrer Gleichgültigkeit oft siegen und über alles menschliche Wollen und Handeln herrschen. So vernichtet und verzehrt sie unmerklich alle Leidenschaften.*

Sanguiniker, die Blutvollen, sind dagegen extravertiert, gefühlsbetont, impulsiv, warmherzig und unterhaltsam. Schon das sanguinische Kind ist leichtblütig, lustig, immer bewegt mit den Augen, den Füßen, mit Händen und Mund. Es sitzt keinen Augenblick ruhig. Es hüpft, statt zu gehen. Es lacht gerne, seine Fantasie ist lebhaft, es ist voller Neugier und Witz. Als Spaßvogel in der Schule bringt es die Mitschüler zum Lachen und ist noch als Erwachsener der geborene Entertainer.

Das sanguinische Temperament ist von früh an auf Sinnesgenuss gerichtet und ununterbrochene Abwechslung. Sanguiniker sind am Klatsch interessiert. Sie agieren vor großem Publikum. Sie sind Trendsetter im Freundeskreis. Sie sprühen vor Begeisterung, lassen sich rasch mitreißen und reißen andere mit. Introversion und Konzentration sind für Sanguiniker ebenso wenig attraktiv wie langweilige Arbeiten. Sie leben im Hier und Heute. Sie neigen dazu, das Geld aus dem Fenster zu schmeißen, den Arbeitsplatz öfter zu wechseln und die Freiheit über alles zu setzen. Sie haben eine heitere Seele, hohe Wissbegierde, flinke Einfühlung. Sie werden in ihrer Menschenfreundlichkeit rasch zum Liebling aller. Sie bersten schier voller Tatendrang, packen rasch neue Aufgaben an, vernachlässigen darüber aber gern die alten. Sie sind kreativ und initiieren unablässig neue Projekte.

In der Liebe sind die Sanguiniker einfallsreich, verführerisch und verführend, aber in ihrer Dynamik und ihrem Narzissmus leicht treulos. Eher bleibt ein Schmetterling bei einer Blume, als der Sanguiniker bei der „Traumfrau" oder dem „Traummann". Sanguiniker sind oft erotische Streuner oder sie heiraten erst gar nicht. Manche entwickeln regelrechte „Kettenbiografien" und favorisieren die „serielle Monogamie". Sanguiniker sind sinnesbetont bis in die letzte Nervenzelle, aufregend und sexuell aktiv. Was die Leidenschaften angeht, sind sie wahre Stehaufmänner und Stehauffrauen. Sie halten es mit Goethe (*Maximen und Reflexionen*): *Unsere Leidenschaften sind wahre Phönixe. Wie der Alte verbrennt, steigt der Neue sogleich wieder aus der Asche hervor.*

Wenn im Leben des Sanguinikers alles immer *in dulci jubilo* sein muss, so ist, wie bei den anderen drei Charaktertypen, der Schatten (C. G. Jung) nicht weit. Weil der Sanguiniker der geborene Alleinunterhalter, Schauspieler und Egozentriker ist, kann man dem Wahrheitsgehalt seiner köstlichen Erzählungen nur bedingt trauen. Im Negativfall ist der Sanguiniker eher oberflächlich. Er posiert gerne, weil er ein Narzisst ist. Er hat Schwierigkeiten, erwachsen zu werden. Daher versucht er häufig, das Alter zu überschminken. Im Beruf fehlt dem Sanguiniker das

Durchhaltevermögen; er ist oft unzuverlässig. Wenn der rauschende Erfolg sich nicht sofort einstellt, wird er quengelig wie ein Kind. Er neigt zu kleinen oder größeren Lügen. Er opfert im Zweifelsfall die Pflicht dem Vergnügen. Ihm wäre anzuraten, gelegentlich auf Sigmund Freud zu hören. Für den heißt Charakterarbeit, *jenen Fortschritt vom Lustprinzip zum Realitätsprinzip zu machen, durch welchen sich der reife Mann vom Kind scheidet.* (Aus: *Einige Charaktertypen aus der psychoanalytischen Arbeit.*)

Doch der Sanguiniker ist auch ein begnadeter Wolkenschieber, der sich darauf versteht, mit anmutiger Leichtigkeit Gewitterfronten beiseite zu schieben und das Helle des Lebens hervorzulocken. Er hält es gern mit Voltaire (1694 – 1778): *Die Leidenschaften sind die Winde, welche die Segel des Schiffes blähen: Manchmal bringen sie es zum Kentern, aber ohne sie könnte es nicht segeln.*

Du siehst schon, liebe Leserin, lieber Leser, in dieser noch etwas grobflächigen Kartographie, die jedoch eine Änderung und Entwicklung der menschlichen Psyche ausblendet, findest du dich bereits in spannenden positiven, aber auch problematischen Elementen wieder.

Der Pädagoge Bernhard Hellwig legte 1872 ein Buch mit dem Titel *Die vier Temperamente bei Kindern. Ihre Äußerung und ihre Behandlung in Erziehung und Schule* vor. Er berücksichtigt dabei auch das Temperament der Eltern, Lehrer und Erzieher. Hellwig plädiert dafür, dass jedes Kind auf Grund seines unterschiedlichen Temperamentes auch unterschiedlich behandelt werden müsse.

Er forderte: *Alles passt nicht für alle. Eine Leitung, die einem sanguinischen Kinde im höchsten Maße vorteilhaft ist, kann einem melancholischen Kinde unter Umständen sogar gefährlich werden. Man tut den Kindern Unrecht und arbeitet durchaus nicht im Interesse der Erziehung, wenn man sie alle ohne Unterschied nach derselben Elle messen und bei der Beurteilung ihres Tuns und Nichttuns bei dem einen wie bei dem anderen Kinde denselben Standpunkt einnehmen will. Wenn man genau oder wenigstens ziemlich genau weiß, welches Temperament gerade dem Kinde, welches man vor sich hat, eigen ist, so wird man in dem Benehmen des Kindes manches entschuldigen müssen, was man ohne Kenntnis der Temperamente vielleicht als Bosheit auslegen und nachsichtslos bestrafen würde. Man würde zum Beispiel einem sanguinischen Kinde sehr Unrecht tun, wenn man alle seine mutwilligen Äußerungen in Wort und Tat als Ausfluss eines bösen Willens erklären möchte, während sie doch oft nichts anderes sind als der natürliche und unschuldige Ausdruck seiner Temperamentsanlage.*

Zweifellos steht uns diese *Spürkraft* (Hellwig) im Umgang mit unseren Kindern auch heute noch gut an. Hellwig bringt zur Verdeutlichung der Temperamentenlehre von Hippokrates und Galen ein witziges Beispiel: Was passiert, fragt er, wenn man einen Choleriker, einen Sanguiniker, einen Melancholiker und einen Phlegmatiker in einen Sack steckt, sie bei Nacht und Nebel in einen unheimlichen Wald trägt und dann den Sack aufmacht?

Der Choleriker stürzt hinaus, ballt drohend seine Fäuste und sucht und nimmt an dem verwegenen Räuber Rache.

Auch der Sanguiniker stürzt hinaus; auch er ballt im ersten Moment seine Faust und schimpft gewaltig. Aber sein Zorn ist bald verraucht; er ergreift schleunigst die Flucht und ist herzlich froh, dass es noch so gut gegangen.

Der Melancholiker kriecht schüchtern aus seinem Sacke hervor; es kocht in ihm, aber er hält sich ruhig. Er schaut umsichtig nach allen Seiten, ob wohl nichts mehr zu fürchten sei, und schleicht sich dann bedächtig und leise von dannen.

Der Phlegmatiker endlich verlässt auch seinen Sack; er ist unwillig genug, sagt auch einige harte Worte, aber beruhigt sich allmählich und macht sich auf den Heimweg. Er findet den Weg in der Nacht sehr unangenehm. Er setzt sich schon in der Nähe des verhängnisvollen Sackes nieder und schläft den Schlaf des Gerechten.

Rudolf Steiner und die Anthroposophie haben die hippokratisch-galenische Vierteilung des Temperaments übernommen und sie in ihr spirituelles Menschenbild transplantiert: *Beim melancholischen Temperament des Kindes herrscht das Ich, beim Erwachsenen der physische Leib. Beim sanguinischen Temperament des Kindes herrscht der Ätherleib, beim Erwachsenen der Astralleib. Beim phlegmatischen Temperament des Kindes herrscht vor der physische Leib, beim Erwachsenen der Ätherleib. Beim cholerischen Temperament des Kindes herrscht vor der Astralleib, beim Erwachsenen das Ich.* (Steiner, Seminarbesprechung vom 6. 8. 1919).

Im Sinne von Steiners Reinkarnationslehre setzen die Anthroposophen die Ursache für das jeweilige Temperament in früheren Lebensformen an: *Dadurch kann es vorkommen, wenn einer durch seine Inkarnation zur Einsamkeit gezwungen ist und dadurch zurückgeblieben wäre, so gleicht er das in der nächsten Inkarnation dadurch aus, dass er ein Sanguiniker ist, der auf alles aufmerksam sein kann ... Das Temperament hängt ja in hervorragendem Maße mit den allgemeinen Antezendenzien*

(Vorgängern – M. J.) *des Menschenwesens, des menschlichen Gemütslebens, zusammen.*

Diese Begründungen sind spekulativ und letztlich religiös. Was Steiner jedoch, in Anlehnung wohl an Hellwig, aus der antiken Temperamentenlehre *pädagogisch* gemacht hat, ist ernst zu nehmen. Steiner hält es für die Aufgabe jedes Pädagogen, die vier Temperamente bei den Kindern *in praxi* zu studieren und sie fortwährend zu berücksichtigen. Ähnlich wie Samuel Hahnemann in der Homöopathie entwickelt Steiner als erzieherisches Grundprinzip: *similia similibus curentur, Ähnliches wird durch Ähnliches geheilt.*

Ich verdanke die folgenden Erkenntnisse über Rudolf Steiner der Studie Marcel R. Zentners *Die Wiederentdeckung des Temperaments. Die Entwicklung des Kindes im Licht moderner Temperamentforschung und ihrer Anwendung.* Ein ungeübter Pädagoge wird danach versuchen, ein kompliziertes Kind mit allen Kräften von seiner sperrigen Wesensart wegzubringen. Der Anthroposoph Steiner empfiehlt in seinen Vorträgen *Zum pädagogischen Wert der Menschenerkenntnis und dem Kulturwert der Pädagogik* das Gegenteil:

Ich habe zum Beispiel ein melancholisches Kind in der Klasse, kann schwer mit ihm etwas anfangen; ich komme nicht recht in es hinein, es brütet, es ist abgezogen, mit sich selbst beschäftigt, ist nicht bei dem, was in der Klasse vorgebracht wird. Hat man eine Pädagogik, die nicht auf Menschenerkenntnis aufgebaut ist, so meint man, man müsse alles Mögliche mit dem Kind machen, um seine Aufmerksamkeit zu erregen, um es aus sich herauszubringen. Das wird aber in der Regel das Kind noch bedenklicher machen, es ... wird noch melancholischer als früher. Aber in der Klasse hilft außerordentlich viel, wenn man versucht, auf die Melancholie des Kindes einzugehen, von ihm herauszubekommen, woraus seine Vorstellungen gehen; dann für diese Vorstellungen Interesse zeigen, auf diese Vorstellungen eingehen und gewissermaßen mit dem, was man selbst tut, melancholisch werden mit dem melancholischen Kind.

Was passiert dann? Steiner: *Das, wie man sich dann zu dem Kinde verhält, das widerspricht der Melancholie des Kindes, und wenn man dies immer fortsetzt, dann schaut das Kind das, was man ist, in dasjenige hinein, was man spricht. Und es stiehlt sich auf diese Weise in das Kind dasjenige hinein, was hinter der Maske der Melancholie, die man annimmt, steckt: ein liebevolles Eingehen auf das Kind. Das wird in der Klasse helfen.*

Die Grundregel kann auf jedes andere Temperament, etwa das Sanguinische, analog angewandt werden. Steiner: *Man komme dem Sanguinismus entgegen und wechsele die Eindrücke recht stark, zwinge das Kind gerade dazu, rasch hintereinander Eindrücke aufzunehmen. Wiederum ist es die Reaktion, die sich geltend macht. Dann kann ... es nicht anders als in Antipathie gegen die beschleunigten Eindrücke sich ausleben. Und die Folge davon ist, dass das Kind selber zum Retardieren* (Verlangsamen – M. J.) *kommt.*

Ich erinnere mich an einen Lateinlehrer im Gymnasium, der unsere unruhige Klasse dadurch auf *piano* brachte, indem er uns anfeuerte, zwei, drei Minuten lang aus voller Kehle, so laut es überhaupt nur ging, zu schreien. Wir krakeelten unsere Kehlen heiser und waren dann so erschöpft, dass wir den Rest der Stunde gerne Ruhe gaben. Auf dem niedrigeren Energieniveau fühlten wir uns nunmehr wohl.

Wie stark Temperamentsunterschiede zwischen Erzieher und Kind eine pädagogische Atmosphäre vergiften können, betonen sowohl Hellwig als auch Steiner. Steiner wählt, in einem Vortrag von 1924, als Beispiel die Unvereinbarkeit zwischen einem phlegmatischen Pädagogen und einem sanguinisch-disponierten Kind: *Es wird bei dem Phlegmatiker, der dem*

Kinde gegenübertritt so sein, dass, man möchte sagen, der inneren Regsamkeit des Kindes kein Genüge geschieht. Die inneren Impulse wollen heraus, sie strömen auch heraus, das Kind will sich betätigen. Der Lehrer ist ein Phlegmatiker, lässt sich gehen. Er fängt nicht dasjenige auf, was aus dem Kind herausströmt. Es begegnet das, was aus dem Kind herauswill, nicht äußeren Eindrücken und Einflüssen. Es ist, wie wenn man in verdünnter Luft atmen soll, wenn ich einen physischen Vergleich gebrauchen soll. Die Seele des Kindes fühlt seelisch Atemnot, wenn der Lehrer phlegmatisch ist.

In einem ähnlichen Sinne hat Fritz Riemann später Glanz und Elend der unterschiedlichen Charakterpositionen von Therapeut und Klient herausgearbeitet: Ein Psychotherapeut mit hohen hysterisch inszenierenden Anteilen vermag, positiv, einen zwanghaften Klienten mitzureißen und zu energetisieren. Im negativen Fall überfordert er ihn mit seinem hohen Tempo und verliert, vor lauter Erfolgsorientierung, die notwendige Geduld für einen langsamen, rückfallsreichen therapeutischen Prozess.

Steiner ging sogar so weit, die Temperamentenlehre zum Ausgangspunkt – wenig überzeugender – pädagogischer Experimente zu machen. Er regte in einer Seminarbesprechung von 1919 an, eine Klasse in acht Geschlechts- und Temperamentsgruppen zu gliedern: *Wenn wir Klassen haben mit beiden Geschlechtern, werden wir acht Gruppen haben. Wir werden die Knaben für sich und die Mädchen für sich in vier Gruppen teilen, in eine cholerische, eine sanguinische, eine phlegmatische und eine melancholische Gruppe.* Er sah allen Ernstes in dieser Selektion für den Pädagogen eine Möglichkeit, *mit dem jeweiligen Unterrichtsstoff je nach Art und Beschaffenheit sich gezielt an die unterschiedlichen Temperamentsgruppen zu richten und auf ihre Verhaltensweisen entsprechend zu reagieren.*

Hier stehen wir zweifellos vor einer unpraktikablen Verabsolutierung und Verirrung der Charakterologie, wenngleich der Grundgedanke von der spezifischen Temperamentsdisposition jedes Kindes nach wie vor aktuell und beherzigenswert ist.

Mit den konstitutionstypologischen Systemen teilen wir durchaus auch heute noch wichtige Persönlichkeitsmerkmale ein. Um die komplizierten Schichtungen der menschlichen Psyche angemessen zu betrachten, sind diese unflexiblen Schemata in ihrer Flächigkeit allerdings nicht ausreichend. Wir werden später noch sehen, zu welcher Differenzierung und Nunaciertheit dagegen die Charakterologien von Sigmund Freud, Carl Gustav Jung und Fritz Riemann fähig sind.

In den Zusammenhang der Konstitutionstypologie gehört schließlich noch das Werk des Tübinger Psychiaters Ernst Kretschmer *Körperbau und Charakter* (1921), das Weltberühmtheit erlangte. Kretschmer, der ein glänzender klinischer Beobachter war, registrierte wiederkehrende Abhängigkeiten zwischen bestimmten psychischen Krankheiten und dem Körperbautyp. Daraus zog er den Schluss, dass Menschen mit einem bestimmten Körperbau auch bestimmte psychische Eigenschaften und analoge Neigungen zu psychischen Krankheiten aufweisen. In aufwändigen anthropologischen Untersuchungen reduzierte Kretschmer die Vielzahl menschlicher Körperbildungen auf vier Phänotypen:

Der *leptosome* Mensch. Der Begriff stammt von dem griechischen Wort *leptos, schmal,* und *soma, Körper.* Der Leptosom ist körperlich schmal, besitzt ein längliches Gesicht, eine lange und grade Nase, schlanke Arme und lange, dünne untere Extremitäten. Ist er extrem schlank, ist er nach Kretschmer ein *Astheniker*, von griechisch *astenos, schwach.*

Der *pyknische* Mensch. Der Begriff stammt von dem griechischen Wort *pyknos, dicht, fest*. Er ist kompakt, von mittlerem bis kleinerem Wuchs, verfügt über reichhaltiges Fettgewebe, einen gedrungenen Rumpf und einen runden Kopf mit kurzem Hals. Während der hagere Komödiant Karl Valentin ein Leptosom war, wäre der verstorbene frühere Arbeitsminister Norbert Blüm mit seiner kurznackigen Rundlichkeit ein Pykniker.

Der *athletische* Mensch. Der Begriff stammt vom griechischen Wort *athlon, Wettkampf*, und meint den muskulösen, kräftigen Sportstyp von hohem oder mittlerem Wuchs und breitem Schultergürtel. Ein Typ also wie Michelangelos David oder die boxenden Klitschko-Brüder.

Der *dysplastische* Mensch. Der Begriff stammt vom griechischen Wort *dys, schlecht*, und *plastos, gestaltet*. Er hat einen gestaltlosen, unregelmäßigen Körperbau. Er ist, im Extremfall deformiert wie Quasimodo, der Glöckner von Notre Dame.

Entsprechend zu den ersten drei Körpertypen unterschied Kretschmer drei Typen des Temperaments:

Der *Schizothymiker* ist vom Körperbau asthenisch oder leptosom. Er ist schöngeistig, ästhetisch, überaus verletzbar und sensibel im persönlichen Verkehr, besitzt feinstes Gefühl für Stimmungstöne. Er ist innerlich unsicher, gebrochen, distanziert, intellektuell, idealistisch: *Sind gegen ihresgleichen verbindlich und korrekt. Verstehen andere Berufskreise nicht, lassen sich aber durch Leistungen imponieren. Sie lächeln schwach, drücken sich still weg und haben linkische Gebärden.* Sie sind verschlossen und unangepasst an ihre Umgebung.

Der *Zyklothymiker* hat einen pyknischen Körperbau. Er liebt Spaß und Spiel, überflüssiges Schwatzen. Er ist ein geborener Erzähler, lebendig, witzig, resolut und drastisch, ein Genießer, behäbig, heiter, ein Pragmatiker mit dem Herzen auf dem rechten Fleck, beweglich. Zyklothymiker *sind zufrieden mit der Welt und haben ein natürliches Wohlwollen für Menschen und Kinder; nur das Ungemütliche und „Prinzipielle" ist ihnen zuwider.*

Der *Athletiker* mit seinem kraftvollen Körper wird von Kretschmer auch der *Barikinetiker* genannt. Der Begriff stammt vom griechischen Wort *barys, schwer*, und *kinein, bewegen*. Er ist ein schwer beweglicher, ruhiger Mensch von schlichter Denkweise, trocken und nüchtern, stabil, aber passiv, langsam, pedantisch, zuverlässig und von unerschütterlicher Seelenruhe in dramatischen Situationen: *Soll man die Geistigkeit des Athletikers negativ charakterisieren, so findet man durchweg das Fehlen dessen, was man „Esprit" nennt, des Leichten, Flüssigen oder Springenden im Gedankengang.*

Kretschmers Phänomenologie der Konstitutionstypen wird heute noch von vielen Ärzten auf der ganzen Welt bei Gutachten verwandt, bei denen die exakte Beschreibung der körperlichen Erscheinungsweise eines Kranken im Vordergrund steht. Hier hat Kretschmers Konstitutionslehre hohe Verdienste. Im seelischen Teil ihrer Aussagen erweist sie sich als zu abstrakt und generalisierend.

Anatomie ist nicht Schicksal. Ein Athletiker kann sich als geißelnder Giftzwerg, ein zarter Astheniker als rigider Willensmensch erweisen. Bei Kretschmer überschneiden sich überdies so viele Charakterisierungen bei den einzelnen Konstitutionstypen, dass man psychoanalytisch mit ihnen nur schwer arbeiten kann. Seine somatisierende Charakterologie ist biologistisch reduziert. Laut Kretschmer basieren Körperbau- und Charaktertyp auf denselben Ursachen, der chemischen Zusammensetzung des Blutes(!), und hängen von neuroendokrinologischen Eigenschaften(!) ab. Damit gerät bei Kretschmer, wie bei der hippokratisch-galenischen Temperamentenlehre, die Psychogenese des Menschen, seine Ichwerdung durch die Fülle kindlicher Impressionen und Prägungen sowie seine Wandlungsfähigkeit außer Sicht.

Die revolutionäre Tiefenpsychologie des 20. Jahrhunderts hat uns gelehrt, jeden Menschen in seiner Individualität aus der Einzigartigkeit seiner Lebensgeschichte zu verstehen und gleichsam detektivisch in seinem psychischen Werdegang zu erforschen. *Denn eine Persönlichkeit entwickelt sich ja nicht aus sich selbst,* sagt der psychologische Dichter August Strindberg (in: *Der Sohn einer Magd*), *sondern saugt ein Tröpfchen aus jeder anderen Seele, mit der sie in Berührung kommt, wie ja auch die Biene ihren Honig aus Millionen Blütenkelchen sammelt, den sie dann doch selber verarbeitet und als ihr eigenes Produkt ausgibt.*

Extravertiert oder introvertiert?
C. G. Jung

> *Wie nämlich in den Körpern große Verschiedenheiten sind, wir die einen durch Schnelligkeit zum Lauf, die anderen durch Körperkraft zum Ringen stark sehen..., so treten in den Seelen noch größere Verschiedenheiten auf.*
> Marcus Tullius Cicero (106 – 43 v. Chr.)
> Vom rechten Handeln

Männer sind keine Actionhelden. Frauen sind keine Barbiepuppen. Wir sind auch nicht einfach, sondern komplex und widersprüchlich. Unsere Seele ist keine Blackbox mit einem digitalen Schaltmechanismus in seinem Inneren, nach Art eines Flugschreibers, den es vom Meeresboden zu bergen gilt. Das Seelische ist vielmehr ein Tag und Nacht flackernder, oszillierender und synthetisierender Prozess auf der Basis von Milliarden neuronaler Synapsen.

Dennoch neigen wir zu einer Art der Selbstbetrachtung, als ob uns die Natur mit der Laubsäge aus Sperrholz gebastelt hätte. C. G. Jung ist dieser Holz-

schnittideologie scharf entgegengetreten. Er sagt (in *Werke X, S. 157 ff.*): *Man setzt instinktiv voraus, dass die eigene seelische Beschaffenheit zugleich eine allgemeine sei, und dass jedermann im Wesentlichen so sei wie jeder andere, respektive wie man selber ist. Der Mann setzt diese Gleichheit von seiner Frau voraus, die Frau vom Manne, die Eltern von den Kindern, die Kinder von den Eltern usw. Es scheint, als ob jeder zu seinem Innern die unmittelbarste, intimste und kompetenteste Beziehung habe, und als ob seine Seele zugleich eine Allgemeinseele sei, die jedem anderen eignet, so dass man ohne Beschwernis den eigenen Tatbestand als eine Allgemeingültigkeit setzt.*

Je nach Temperamentslage ist der Mensch nach Jung erstaunt, betrübt oder gar entsetzt, wenn er entdecken muss, dass der andere auch wirklich ein *anderer* ist. Seelische Verschiedenheiten werden weder als Kuriositäten oder spannend empfunden, sondern als schwer erträglich, unrichtig und peinlich: *Das offensichtliche Anderssein wirkt wie eine Störung der Weltordnung, wie ein Irrtum, der schleunigst beseitigt werden muss, oder gar wie eine Verfehlung, welche man zu ahnden sich verpflichtet fühlt.*

Wie fundamental gegensätzlich und in ihrer Andersartigkeit irritierend Charakterbildungen sein können, hat C. G. Jung in seinem berühmten Buch *Psychologische Typen* ins Bild gerückt. Es entstand 1921, also im gleichen Jahr, als Ernst Kretschmer das Standardwerk *Körperbau und Charakter* vorlegte. Der Arzt und Psychoanalytiker beschrieb erstmalig als die beiden möglichen Grundeinstellungen des Menschen den *extravertierten Typus* und den *introvertierten Typus*. Beide Begriffe sind inzwischen zum festen Bestandteil unseres Alltagsvokabulars geworden, die meisten Menschen kennen jedoch den Urheber dieser faszinierenden, heute noch eminent fruchtbaren Charakterlehre nicht mehr. Die Jung'sche Typenlehre ist dabei kein System, den Menschen in ein Schema zu pressen und ihn statisch zu diagnostizieren, sondern es eröffnet jedem von uns einen Weg, sich im Hier und Jetzt des persönlichen Entwicklungsprozesses zu orten.

Gleichzeitig macht die Koexistenz des introvertierten und des extravertierten Menschentypus die innere Spannung und den Zwiespalt der gesamten abendländischen Geistesgeschichte aus. C. G. Jung zitiert dazu eine markante Passage aus Heinrich Heines (1797 – 1856) scharfsinniger kulturphilosophischer Schrift *Über Religion und Philosophie in Deutschland*:

Plato und Aristoteles! Das sind nicht bloß die zwei Systeme, sondern auch die Typen zweier verschiedener Menschennaturen, die sich seit undenklicher Zeit, unter allen Kostümen, mehr oder weniger feindselig entgegenstehen. Vorzüglich das ganze Mittelalter hindurch bis zu dem heutigen Tag wurde solchermaßen gekämpft. Dieser Kampf ist der wesentliche Inhalt der christlichen Kirchengeschichte. Von Plato und Aristoteles ist immer die Rede, wenn auch unter anderem Namen. Schwärmerische, mystische, platonische Naturen offenbaren aus den Abgründen ihres Gemütes die christlichen Ideen und die entsprechenden Symbole. Praktische, ordnende, aristotelische Naturen bauen aus diesen Ideen und Symbolen ein festes System, eine Dogmatik und einen Kultus.

Demnach bedingt der jeweilige Charaktertypus ein eher nach innen oder aber eher nach außen gerichtetes Wirklichkeitserleben, einen individuellen, psychologischen Stoffwechsel mit der Welt. *Wenn wir einen menschlichen Lebenslauf betrachten, so sehen wir, wie die Schicksale des einen mehr bedingt sind durch die Objekte seiner Interessen, während die Schicksale eines anderen mehr durch sein eigenes Inneres, durch sein Subjekt bedingt sind.* Wie würdest du, liebe Leserin, lieber Leser, dich nach diesem Schlüsselsatz C. G. Jungs einordnen?

Jeder Mensch besitzt nach C. G. Jung sowohl den Mechanismus der Außen- als auch den der Innengerichtetheit, aber das Überwiegen des einen oder des anderen macht den Typus aus.

Den introvertierten Standpunkt bezeichnet Jung als denjenigen, der unter allen Umständen das Ich und den subjektiven psychologischen Vorgang dem Objekt zu überordnen sucht. Für den Introvertierten hat das Subjekt einen höheren Wert als das Objekt. Der extravertierte Mensch ordnet, im Gegenteil, das Subjekt dem Objekt unter. Der subjektive Vorgang, das Glasperlenspiel eigener Reflexionen und die intimen Befindlichkeiten, erscheinen ihm eher als störendes oder überflüssiges Anhängsel objektiver Geschehnisse.

Diese beiden Ur-Typen extravertierten oder introvertierten Weltverhaltens werden bei Jung durch feine Substrukturen erweitert, nämlich durch den Denk-, Fühl-, Empfindungs- und Intuitionstypus. Jung geht von einer Eigengesetzlichkeit, einer eigenen Wesenhaftigkeit der Seele aus. Während ein Ernst Kretschmer die Phänomenologie, also die Oberfläche körperlich-charakterlicher Manifestationen, beschreibt und zu kategorisieren versucht, geht C. G. Jung in die Tiefe des seelischen Unbewussten.

Welche seelische Physiognomie besitzt der extravertierte Typus? Sein Bewusstsein blickt nach außen, weil ihm von dort die wichtigsten Eindrücke und Prägungen zukommen. Er erhält sie jedoch nur von außen, *weil er sie von dort erwartet* (C. G. Jung). Die Aufmerksamkeit des Extravertierten ist ununterbrochen auf die Beziehung zur Umwelt, auf die Pflege und Haltung von Freundschaften gerichtet, sein Gewissen hängt in hohem Maße von der Umgebungsmeinung ab. In seiner Ethik und Weltanschauung richtet sich der Extravertierte, wie Martin Heidegger sagen würde, nach dem *man*, dem *Gerede*. Der Philosoph Spinoza (1632 – 1677) würde formulieren, der Extravertierte lebt im Bann der *ideae adventitiae*, der ihm beigebrachten, von außen oktroyierten Ideen.

Er oder sie ist ein Parteigänger der Majorität, will immer dabei sein, mitwirken, Betriebsamkeit und Lärm jeglicher Art genießen, sich selbst zur Schau stellen. Die Libido, also der gesamte Lustmechanismus, ist auf die Welt der Objekte gerichtet. Für den Extravertierten ist immer die Welt draußen interessant. Er ist den gegebenen Verhältnissen angepasst. Er verfolgt keine anderen Ansprüche, als die objektiv gegebenen Möglichkeiten auszufüllen.

Positiv gesehen ist der Extravertierte ein lebenstüchtiger Praktiker, realistisch, umstandslos, aufgeschlossen gegenüber der Welt und ihren Notwendigkeiten. Wenn du dich, liebe Leserin, lieber Leser, hier wiedererkennen solltest, so sieh dir mit C. G. Jung auch die Schattenpersönlichkeit des Extravertierten an: *Das eigene Subjekt liegt, wenn irgend möglich, im Dunkeln. Man verhüllt es auch vor sich selber mit Unbewusstheit. Die Abneigung, die eigenen Motive einer kritischen Prüfung zu unterziehen, ist ausgesprochen. Man hat keine Geheimnisse, die man nicht längst schon mit anderen geteilt hätte. Sollte einem trotzdem etwas Uneingestehbares zugestoßen sein, so zieht man das Vergessen vor. Was immer den kollektiv zur Schau getragenen Optimismus und Positivismus kränken könnte, wird vermieden.*

Dem Extravertierten ist der Umgang mit sich selbst unheimlich. Er surft über die Abgründe hinweg. Körperlich ist sein schwacher Punkt, dass er seinen subjektiven Bedürfnissen zu wenig Rechnung trägt. Er vernachlässigt das Befinden des Körpers, er horcht nicht nach innen. Folglich meldet sich irgendwann der Körper krank, und auch die Seele leidet. Die Gefahr für den Extravertierten besteht nach Jung darin, *dass er in die Objekte hineingezogen wird und sich selbst darin ganz verliert.* Daraus entstehen funktionelle, das heißt seelische, oder auch handfeste organische, körperliche Störungen. Sie erfüllen einen kompensatorischen seelischen Effekt, denn sie zwingen den Extravertierten aus seiner jagenden Lebensgier heraus, hin zu einer unfreiwilligen Selbstbeschränkung. Charakter und Krankheit hängen enger zusammen, als unsere Schulweisheit sich träumen lässt. Oft stellt die Krankheit ihrem Kern nach eine Kränkung dar.

Der Extravertierte reibt sich durch sein chronisches Außengeleitetsein und die Eitelkeit seiner „Bühnenexistenz" dramatisch auf. C. G. Jung: *Wie mir scheint, ist die weitaus häufigste Neurose des extravertierten Typus die Hysterie. Der hysterische Schulfall ist immer durch einen übertriebenen Rapport* (Wechselbeziehung – M. J.) *mit den Personen der Umgebung charakterisiert ... Ein Grundzug des hysterischen Wesens ist die beständige Tendenz, sich interessant zu machen und bei der Umgebung Eindrücke hervorzurufen. Ein Korrelat dazu ist die sprichwörtliche Suggestibilität, die Beeinflussbarkeit durch andere Personen.*

Jung spricht von einer vierfach möglichen Prägung des Extravertierten, nämlich als *Denktypus, Fühltypus, Empfindungstypus* und *intuitiver Typus*.
– Das *Denken* stellt fest, was etwas bedeutet.
– Das *Fühlen* registriert, was es wert ist.

- Das *Empfinden*, konstatiert, dass etwas ist.
- Die *Intuition* schließlich ist das Ahnen über das Woher und das Wohin.

Den *extravertierten Denktypus* sieht Jung idealtypisch in dem Naturforscher Charles Darwin (1809 – 1882) verkörpert. Unter strikter Ausblendung des eigenen Ichs fotografierte Darwin gleichsam die Objektwelt der tierischen Artenvielfalt. Bei dem Extravertierten geht diese positivistische Registratur der Außenwelt auf Kosten der ästhetischen Empfindungen und der Gefühle: *In erster Linie werden es bei diesem Typus alle vom Gefühl abhängigen Lebensformen sein, welche der Unterdrückung verfallen, also zum Beispiel ästhetische Betätigungen, der Geschmack, der Kunstsinn, die Pflege der Freundschaft und so weiter. Irrationale Formen, wie religiöse Erfahrung, Leidenschaften und dergleichen sind oft bis zur völligen Unbewusstheit ausgetilgt.*

Die Gefühle haben bei dem extravertierten Denktypus fast den Charakter des Nachhinkenden und Nachträglichen im Sinne einer minderwertigen Funktion. Man ahnt es schon, C. G. Jung spricht von einer besonderen Spezies Mensch: *Dieser dem Leser gewiss wohl bekannte Typus findet sich nach meiner Erfahrung hauptsächlich bei Männern, wie überhaupt das Denken eine Funktion ist, die beim Mann weit eher zur Vor-*

herrschaft geeignet ist als bei der Frau. Wenn bei Frauen das Denken zur Herrschaft gelangt, so handelt es sich, soweit ich sehen kann, wohl meistens um ein Denken, das im Gefolge einer überwiegend i n t u i t i v e n Geistestätigkeit steht.

Da Männer vorwiegend in nüchtern-rationalen Berufssparten arbeiten, wird ihre *deformation professionelle,* ihr blinder Fleck gegenüber der Gefühlshaftigkeit, noch verstärkt. Daher rekrutiert sich der *Fühltypus* (nach C. G. Jung) auch stärker aus dem weiblichen Geschlecht – Frauen sind traditionell überrepräsentiert in Erziehung und Pflegeberufen. Wenn das extravertierte Fühlen Vorrang besitzt, so sprechen wir von einem extravertierten Fühltypus. Frauen, die extravertiert sind, leben nach der Richtschnur ihrer Gefühle. Diese entsprechen den objektiven Situationen. Der „passende" Mann wird geliebt, nicht irgendein anderer. Passend ist er nicht, weil er dem subjektiven, tief innerlichen Wesen der Frau zusagt, sondern weil er in punkto Alter, Beruf und Status allen vernünftigen Anforderungen entspricht. Beim extravertierten Fühltypus spielt das Denken eine sekundäre Rolle: *Es ist zugelassen als Diener des Gefühls oder, besser gesagt, als sein Sklave. Sein Rückgrat ist gebrochen, es kann sich nicht selber, seinem eigenen Gesetz gemäß, durchführen.* (C. G. Jung)

Der *extravertierte Empfindungstypus* wiederum, meist ein Mann, ist von pulvertrockener Nüchternheit. Soweit er fühlt, reduziert er die Inhalte immer auf objektive Grundlagen, das heißt auf Einflüsse, die vom Objekt kommen. Sein Schlachtruf könnte lauten: *Man muss die Dinge sachlich sehen*. Was von innen kommt, erscheint dem extravertierten Empfindungstypus leicht als krankhaft und verwerflich. Er treibt die Bindung an das Objekt auf das Äußerste. Schon gar nicht will er sich von Gefühlen „versklaven" lassen. Sein objektiver Tatsachensinn ist so hoch sensibilisiert wie seine Neigung zur Reflexion niedrig ausgeprägt ist.

Der *extravertiert intuitive* Typus wiederum ist oft ein genialer Antizipator des Künftigen. Unter dem Pflaster wittert er den Strand. Er ist immer auf der Suche nach neuen Möglichkeiten. Er hat eine hohe Fähigkeit, die gegebene Situation zu transzendieren, zu übersteigen. Er besitzt eine feine Witterung, wie Jung sagt, *für Keimendes und Zukunftversprechendes*. Er ist beflügelt durch neue Situationen. Das Denken hat bei ihm eine mindere Funktion. Häufiger als bei Männern scheint dieser Typus nach C.G. Jung bei Frauen vorzukommen.

Ein extravertiert intuitiver Typus sein heißt, über hohe schöpferische Potenziale zu verfügen und die Umwelt zu befruchten: *Es ist ohne weiteres verständlich, dass ein solcher Typus volkswirtschaftlich sowohl wie als Kulturförderer ungemein bedeutsam ist. Wenn er gut geartet, das heißt nicht zu selbstisch eingestellt ist, so kann er sich als Initiator oder doch wenigstens als Förderer aller Anfänge ungemeine Verdienste erwerben. Er ist der natürliche Anwalt aller zukunftsversprechenden Minoritäten. Da er, wenn er weniger auf Sachen als auf Menschen eingestellt ist, gewisse Fähigkeiten und Möglichkeiten in ihnen ahnungsweise erfasst, so kann er auch Leute „machen"... Je stärker seine Intuition, desto mehr verschmilzt auch sein Subjekt mit der geschauten Möglichkeit. Er belebt sie, er führt sie anschaulich und mit überzeugender Wärme vor, er verkörpert sie sozusagen. Es ist keine Schauspielerei, sondern ein Schicksal.* Der österreichische „Festemacher" und Schönheitszauberer André Heller ist wohl so ein grandioser extravertierter Intuitiver.

Als Schatten des extravertiert Intuitiven sieht C. G. Jung die Gefahr, dass er sein Leben verzettelt. Denn er ist rastlos und in seiner Extraversion sehr dem flüchtigen Reiz der Erscheinungen hingegeben.

Wie steht es mit dem *introvertierten* Typus? Er befindet sich im permanenten Rückzug vor dem Objekt. Bei größeren Versammlungen fühlt er sich einsam, je mehr man auf ihn eindringt, desto größer wird sein Widerstand dagegen. Er wirkt etwas gehemmt, ist eigensinnig, leidet an Minderwertigkeitskomplexen, ist misstrauisch, hat Angst, er könnte sich lächerlich machen und sichert sich mit ängstlicher Gewissenhaftigkeit und Korrektheit pedantisch gegen die misstrauenswürdige Außenwelt ab. Seine eigene Welt ist ein sicherer Hafen, ein ängstlich gehüteter ummauerter Garten, vor aller Öffentlichkeit und zudringlicher Neugier verborgen. Seine eigene Gesellschaft ist ihm die beste. Hier, wo sich nur das verändert, was *er* verändert, fühlt er sich wohl.

Warm wird der Introvertierte nur bei Menschen, bei denen er Sicherheit spürt. Er folgt einem Schneckenreflex – sobald Konflikte auftauchen, zieht er die Fühler zurück und schließt sich hermetisch in seinen Ichkomplex ein. Weil ihm die subjektiven Tiefen seines Ichs alles bedeuten, bewertet er die objektive Welt negativ, sie hat ihm wenig zu sagen. Der introvertierte Denktypus, als dessen reine Verkörperung C.G. Jung den Philosophen Immanuel Kant sieht, hat die Neigung, alle Tatsachen in sein inneres Denkschema hineinzuzwängen und sich in Fantasiebildern zu verlieren. Der denkende Introvertierte verliert sich leicht innerhalb seiner ausschließlichen, subjektiven Wahrheit und schafft Theorien um der Theorie Willen: Was den Extravertierten auszeichnet, nämlich seine intensive Bezogenheit auf das Objekt, fehlt dem introvertierten Typus völlig: *Ist das Objekt ein Mensch, so fühlt dieser Mensch deutlich, dass er eigentlich nur negativ in Frage kommt, das heißt in milderen Fällen wird er sich seiner Überflüssigkeit bewusst, in schlimmeren fühlt er sich als störend direkt abgelehnt.*

Der *introvertierte Typus* kommt aus der Höhle seiner Innerlichkeit nicht heraus, er wirkt daher schroff und unnahbar. Er verfolgt seine Ideen eigensinnig und ist wenig beeinflussbar. Da er nur ungern und holprig kommuniziert, ist sein Denk- und Sprechstil meist durch Bedenklichkeiten, Einschränkungen, Zweifel und allerlei umständliche Zutaten erschwert: *Mit der Verstärkung seines Typus werden seine Überzeugungen starrer und unbeugsamer. Fremde Einflüsse werden ausgeschaltet ... Daher ist dieses Denken nur so lange auch für den Zeitgenossen wertvoll, als es in ersichtlichem und verstehbarem Zusammenhang mit den derzeit bekannten Tatsachen steht. Wird das Denken aber mythologisch, so wird es irrelevant und verläuft in sich selbst.*

Der introvertierte Fühltypus speist sich ebenso aus verborgenen, für den Außenstehenden nicht erkennbaren inneren Quellen. Der introvertiert Fühlende richtet keine eigentlichen Emotionen auf das Objekt. Er wirkt abweisend, gedämpft und kühl. Das Objekt wird nicht mit Leidenschaft emotional erfasst, sondern aus einer frösteligen Tiefe heraus betrachtet: *Man bekommt gelegentlich die Überflüssigkeit der eigenen Existenz zu fühlen. Gegen etwas Mitreißendes, Enthusiastisches beobachtet dieser Typus zunächst eine wohlwollende Neutralität, bisweilen mit einem leisen Zug von Überlegenheit und Kritik, der einem empfindsamen Objekt leicht den Wind aus den Segeln nimmt ... Die Beziehung zum Objekt wird möglichst zu einer ruhigen und sicheren Mittellage des Gefühls gehalten unter hartnäckiger Verpönung der Leidenschaft. Der Gefühlsausdruck bleibt daher spärlich, und das Objekt fühlt dauernd seine Minderbewertung, wenn es deren bewusst wird.*

Der introvertiert Fühlende hat in unserer Gesellschaft besonders schlechte Karten, denn die Spaßgesellschaft setzt auf Extraversion, Inszenierung, *Events*. Introvertierte Einsiedlerexistenzen sind nicht gefragt. So nimmt denn auch der introvertierte Empfindungstypus die Welt in ihrer Farbigkeit und mit ihrem Lärmpegel nicht an. Er kappt ihre Spitzen, nivelliert Eindrücke, eliminiert das Ekstatische, wörtlich das Heraustretende, der Wirklichkeit: *Das allzu Niedere wird etwas gehoben, das allzu Hohe etwas niedriger gemacht, das Enthusiastische gedämpft, das Extravagante gezügelt und das Ungewöhnliche auf die „richtige" Formel gebracht, all dies, um die Objekteinwirkung in den nötigen Schranken zu halten. Dadurch wirkt auch dieser Typus auf die Umgebung drückend, sofern seine gänzliche Harmlosigkeit nicht außer allem Zweifel steht.*

Der introvertiert intuitive Typus ist nach Jung Fantast, Künstler, Träumer und Seher der Welt. Er wirkt entrückt und oft wird er seiner Umgebung zum Rätsel: *Ist er ein Künstler, so verkündet seine Kunst außerordentliche, weltentrückte Dinge, die in allen Farben schillern, bedeutend und banal, schön und grotesk, erhaben und schrullenhaft zugleich sind. Ist er kein Künstler, so ist er häufig ein verkanntes Genie, eine verbummelte Größe, eine Art weiser Halbnarr, eine Figur für „psychologische" Romane.*

C. G. Jung ist von seinen Gegnern, vor allem aus dem naturwissenschaftlichen Lager, häufig der Vorwurf gemacht worden, er liefere mit seiner Tiefenpsychologie nur ideengeschichtliche Konstrukte. Man könne sie glauben oder nicht. Tatsächlich hat im Zusammenhang mit seiner Typologie des extravertierten und des introvertierten Typus, wie Marcel R. Zentner berichtet, eine Forschungsgruppe um den amerikanischen Temperamentforscher J. Kagan auf dem Boden ausgedehnter empirischer Untersuchungen zwei Typen von Kleinkindern unterschieden, die jeweils dreißig Prozent der Population amerikanischer Kinder ausmachen. Die *Harvard Infant Study* wurde 1989 erstellt. Die beiden Kindertypen entsprachen genau Jungs Beschreibungen des introvertierten und extravertierten Kindes.

Hieß es bei Jungs Forschung über das introvertierte Kind 1960: *Scheu und Angst vor unbekannten Objekten, habituelle Ängstlichkeit, Unbekanntes wird mit Misstrauen angesehen. Reflexives nachdenkliches Wesen. Seine eigentliche Welt ist sein Inneres. Der äußeren Beeinflussung wird ein heftiger Widerstand entgegengesetzt. Zögernd,* so charakterisierten auch die amerikanischen Forscher das gehemmte Kind (inhibited child) mit den Attributen: *Schüchtern und ängstlich mit Fremden. Ängstlich. Vorsichtig mit Fremden oder in unvertrauter Umgebung. Still. Zurückgezogen. Sofortige Abwendung von unvertrauten Menschen oder Objekten. Zögernde Kontaktaufnahme.*

Das extravertierte Kind hatte Jung so beschrieben: *Ohne Furcht. Treibt seine Unternehmungen gerne bis zum Extrempunkt. Alles Unbekannte ist anziehend. Psychisches Leben spielt sich außerhalb des Individuums ab. Fühlt keinen besonderen Abstand zwischen sich und den Objekten.* Die Amerikaner charakterisieren das ungehemmte Kind wie folgt: *Furchtlos. Wagemutig. Explorativ. Aus sich herausgehend. Spontan. Gesellig.*

Goethe erfasst in seinem Gedicht *Die Übereinstimmung* den Gegensatz und die Ergänzung des extravertierten und introvertierten Charaktertypus:

Wahrheit suchen wir beide; du außen im Leben, ich innen
In dem Herzen, und so findet sie jeder gewiß.
Ist das Auge gesund, so begegnet es außen dem Schöpfer,
Ist es das Herz, dann gewiß spiegelt es innen die Welt.

C. G. Jung konfrontierte die Menschen mit der Notwendigkeit, sich mit der komplizierten, kostbaren und problematischen Architektur des Unbewussten vertraut zu machen. Er verbindet damit die humane Hoffnung, dass der erkennende Mensch die defizitäre Seite seines Selbst nachbessert, „Schattenarbeit" macht, sich nachreifen lässt und in der Gewinnung bislang nicht gelebter Persönlichkeitsanteile ein besonderes Ich zu leben beginnt.

Sonst begeben wir uns in Gefahr, im alten Charakter zu erstarren und seelisch zu sterben. Eine in Psychologenkreisen gern erzählte Parabel beschreibt diesen Charaktertod sarkastisch:

Ein Skorpion und ein Frosch treffen sich an einem Fluss. Der Skorpion fragt den Frosch, ob er ihn nicht auf seinem Rücken über den Fluss tragen kann. Der Frosch antwortet ihm: „Das möchte ich nicht, du wirst mich in der Mitte des Flusses mit dem Stachel stechen, und dann muss ich sterben." Der Skorpion antwortet: „Aber das ist doch nicht vernünftig. Dann müsste ich ja auch sterben, dann würde ich ja ertrinken." Der Frosch überlegt kurz. Dann nimmt er den Skorpion auf seinen Rücken. Er schwimmt mit ihm über den Fluss. In der Mitte des Flusses sticht der Skorpion zu. Der Frosch schreit: „Was hast du getan? Jetzt muss ich sterben, aber du auch." Da antwortet der Skorpion: „Ich weiß. Aber das ist nun einmal mein Charakter."

Dressate – Fritz Künkel:
Botschaften aus der Vergangenheit

*Sei wie das Veilchen im Moose,
bescheiden, sittsam und rein,
nicht wie die stolze Rose,
die stets nur bewundert will sein!*
　　　　　　　Aus einem Poesiealbum

Extravertierter oder introvertierter Typus – ist das eine apriorische, also von Beginn an vorhandene Seeleneigenschaft des Menschen, eine Art *idea innata*, eine *eingeborene Idee?* Oder ist die extravertierte oder introvertierte Grundhaltung eines Menschen angeeignet, durch das Kind von den Eltern abgeschaut, imitiert, verinnerlicht?

Ist das Nach-innen-gekehrt-Sein eine Reaktionsbildung auf Gefühlskargheit und Sprachlosigkeit im Elternhaus? Könnte es sein, dass das Kind sein abgeschottetes Innenleben als Ersatz für das verweigerte äußere Leben aufbaut? Übernehmen möglicherweise nach außen gerichtete Kinder das hohe

Maß an Extraversion in einem Prozess der *Mimesis*, der *Nachahmung*, von ihren zugewandten, lebensfrohen Eltern? Meine Mutter und mein Vater waren zum Beispiel stark extravertierte Persönlichkeiten, als Ärzte ihren Patienten lebendig, gefühlsstark und sprachgewaltig zugewandt – alle vier Kinder haben wir diesen Lebensimpuls von ihnen „geerbt".

Was bedeutet nun dieses „Erben"? Ist es eine hereditäre, also biologisch transportierte, oder eine behavioristische, also erworbene Größe? C.G. Jung selbst sieht die charakterliche Eigenart als etwas, das uns unabhängig von unseren Erfahrungen gegeben ist: *Das psychologische Individuum oder die psychologische Individualität existiert unbewusst a priori.* Eine Gegenposition vertritt vierhundert Jahre vor ihm der Edelmann und psychologisch gebildete Enzyklopädist Michel de Montaigne (1533 – 1592) in seinen weltberühmten *Essays*. Er registriert: *Die Gewohnheit hat die Kraft, unser Leben zu formen, und zwar nach ihrem Gutdünken; ihr Einfluss ist grenzenlos; es ist der Zaubertrank der Circe, der unsere Natur in jede Richtung umzugestalten vermag.*

Wie also bildet sich ein Charakter? Zu den wesentlichen Prägestempeln der kindlichen Psyche zählt der Psychotherapeut Fritz Künkel die *Dressate*. Der

Begriff stammt vom Verb *dressieren*. Es handelt sich also um die Ergebnisse von Dressurakten. Jeder von uns hat sie als Kind über sich ergehen lassen müssen. Diese Botschaften aus der Vergangenheit sind uns in Fleisch und Blut übergegangen. Sie haben sozusagen zu unserer psychischen Bindegewebe- und Knochenbildung unsichtbar, aber höchst wirksam beigetragen. Nietzsche sagt in *Jenseits von Gut und Böse: Die Eltern machen unwillkürlich aus dem Kinde etwas ihnen Ähnliches – sie nennen das „Erziehung"*.

Betrachten wir einmal den seltsamen Mädchenspruch aus dem Poesiealbum am Anfang dieses Kapitels: *Sei wie das Veilchen im Moose, / bescheiden, sittsam und rein, / nicht wie die stolze Rose, / die stets nur bewundert will sein.* Ich habe ihn von einer siebzigjährigen Klientin bekommen. Hildegard (Name, wie alle folgenden, geändert) war es gar nicht albern zu Mute, als sie mir dieses Totschlagsprüchlein rezitierte: *Der Spruch stand auf der ersten Seite meines Poesiealbums. Wir Mädchen haben damals in der Volksschule wie wild unsere Poesiealben getauscht und uns Sprüche hineingeschrieben. Den Spruch von der stolzen Rose allerdings hatte mir meine Mutter gleich auf die erste Seite platziert. Er beinhaltete ihr gesamtes Erziehungskonzept, das dem Zeitgeist entsprach und zutiefst frauen-*

feindlich war. Meine Eltern hatten eine große Bäckerei sowie eine Konditorei mit einem angeschlossenen Café. Meine beiden älteren Brüder übernahmen später die Geschäfte. Männer waren der Gipfel der Schöpfung, Frauen hatten „bescheiden, sittsam und rein" zu dienen. Als ich mit zwanzig schwanger wurde, flog ich hochkant aus dem Haus und musste mein Kind, das „Bankert", fern der Heimat zur Welt bringen. Ich war die Schande der Familie. Meine Eltern haben mich dann mit dem hilflosen Kindsvater gleichsam zwangsverheiratet, obwohl wir uns nicht liebten und furchtbar unreif waren.

Als ich zehn Jahre später aus dieser Ehe auszubrechen versuchte und meine – wohlhabenden – Eltern bat, mich bei der Ausbildung zur Erzieherin finanziell zu unterstützen, erwiderte meine Mutter barsch: „Dein Platz ist bei den Kindern. Deine Ausbildung kannst du ihnen und deinem Mann nicht zumuten. Weißt du, was Anstand und Würde ist?" Ich habe mich damals ducken lassen. Ich wollte ja nicht die „stolze Rose" spielen. Dass ein Mann mich bewundern könnte und dass ich eine attraktive Frau war, konnte ich ohnehin nicht glauben. Das hat mir dann ein Mann gesagt, als ich auf die Fünfzig zuging. Da waren meine beiden Töchter längst aus dem Haus, mein Vater tot und meine Mutter ein Pflegefall. Ich bin mit diesem Mann, der heute mein Ehemann ist, in ein neues Leben aufgebrochen. Ich habe mich scheiden lassen. Ich zeigte endlich als stolze Rose meine Stacheln. Auf einer

Wirtschaftsakademie lernte ich Betriebswirtschaft. Ich bin heute in der Firma meines Mannes die Buchhalterin. Das macht mir Freude. Das „Veilchen im Moose" habe ich hinter mir gelassen. Ich begreife heute gar nicht mehr, wie ich meine Persönlichkeit von meiner Mutter so verformen lassen konnte.

Natürlich dienen die Dressurakte am Kind immer etwas „Höherem". Eltern pflegen zu sagen, *wir wollen doch nur dein Bestes.* Aber was dieses Beste ist, das ist die Frage. Es sind vom Zeitgeist abhängige Ideale wie Anpassung, Bescheidenheit, Gehorsam, Kirchenfrömmigkeit, weibliche und männliche Rollenstereotypen, Triebunterdrückung, rigorose Leistungsideologie oder fanatische Sparsamkeit. Das sind oftmals historische Werte, die zu ihrer Zeit eine bestimmte Berechtigung hatten, heute aber längst obsolet geworden sind.

Kriegs- und Armutszeiten liegen glücklicherweise über ein halbes Jahrhundert zurück. Muss ein Kind immer noch gnadenlos „alles" essen, was auf den Tisch kommt, auch die letzten Fettstreifen des Fleisches? Ist im Zeitalter der Verhütung die voreheliche Keuschheit sinnvoll oder eine neurotische Quälerei? Stellen wir der Sekundärtugend „Gehorsam" nicht inzwischen den „zivilen Ungehorsam" als Bürgertugend entgegen? Ist diese gewisse Form von übertriebener Sparsamkeit, das manische Sammeln jedes alten Nagels und jeder Schraube, wie unsere Großväter das oft praktizierten, heute noch lebenswichtig?

Fritz Künkel bezeichnet Dressate als die Charakterkonstituenten schlechthin. Sie sind jene Gebote und Verbote, die, um mit Freud zu sprechen, das Über-Ich als ein kulturelles Artefakt, als ein künstliches Gebilde, formen. Künkel findet einen plastischen Vergleich: *Ein Volk, das immer wieder überfallen wird, richtet sich grundsätzlich auf die Verteidigung ein. Bogen, Grenzwälle und ein stehendes Heer, kriegerische Sitten, heldenhafter Ehrgeiz und soldatische Disziplin sind die Folgen. Was als Notgesetz im Augenblick der Gefahr entstanden ist, wird festgehalten und bildet von nun an einen unentbehrlichen Bestandteil im Leben des Volkes. Ja, es besteht die Gefahr, dass an Stelle des Volkes, das dem Leben diente, nun ein Staat tritt, der sich selber dient. Genauso richtet sich das Kind auf einen dauernden Kriegszustand ein, und die Notgesetze, die gewissermaßen als Paragrafen in die Verfassung seines Charakters übergehen, sind eben jene Dressate.*

Die ersten Dressate kommen nach Künkel sehr früh zustande, oft schon im zweiten Lebensjahr. Daher können sie in der Regel später nicht mehr erinnert werden. Trotzdem bleiben sie wirkmächtig in der Seele stecken. Die Folgen dieser frühkindlichen Konditionierungen treten erst viel später hervor. Erklärungsversuche für bestimmte Verhaltensweisen enden oft mit einem hilflosen *Ich bin nun einmal so.* Ohne zu hinterfragen, geben wir uns allzu rasch pauschalen Urteilen und Verurteilungen hin: *Ich kann nicht singen.* Längst haben wir vergessen, wie das damals war: Aus der fröhlichen Naivität eines Kinderherzens heraus stimmten wir einen Gesang an, vielleicht vor Freunden, der Schulklasse oder auf einer Familienfeier ... und wurden grausam verlacht.

Geblieben ist lediglich das verhängnisvolle Dressat: *Ich kann nicht singen.* Künkel: *Man ist zum Nicht-singen-Können dressiert worden. Denn die schmerzhaftesten Mittel, Verlust der Liebe und der Achtung, wurden angewendet, sobald man sich zu singen anschickte. Da aber die Erhaltung dieser Liebe und dieser Achtung im Interesse des Ich-Ideals unbedingt erforderlich war, erhielt der Niederschlag dieser negativen Erlebnisse in Gestalt jenes Dressates Gesetzeskraft.*

Sätze wie *Dienen lerne das Weib nach seiner Bestimmung* (Goethe) gehören zu den frauenfeindlichen

Dressaten eines ganzen Volkes. Manche Frau mag sich vielleicht mit einem positiven weiblichen Dressat trösten: *Soll ich mich zu dir wenden, so trage mich auf Händen.* Paarbeziehungen wie individuelle Lebensläufe sind von solchen unsichtbaren Dressaten oftmals verhängnisvoll durchwirkt. In meinem Buch *Der kleine Prinz in uns* habe ich ein Dressat beschrieben, das in die Weltliteratur eingegangen ist.

Saint-Exupéry schildert in seiner philosophischen Parabel *Der kleine Prinz* einen neurotischen Laternenanzünder, der auf seinem winzigen Planeten im Minutentakt eine Straßenlaterne an- und auszündet. Warum tut er das? Er hat einstmals die „Weisung" erhalten, die Laterne zum Sonnenuntergang anzuzünden und bei Sonnenaufgang zu löschen. Als er diese Weisung erhielt, hat sich sein Planet ein Mal in vierundzwanzig Stunden um seine Achse gedreht. Seine Tätigkeit war also sinnvoll. Inzwischen rotiert der Planet jedoch innerhalb von einer Minute um sich selbst. Der arme Laternenanzünder kommt mit seiner An- und Auszünderei gar nicht mehr nach – das ursprünglich Erlernte ist zu einem klassischen, sinnlosen Dressat geworden.

An diesem Beispiel des französischen Fliegerpoeten kann man gleich zwei Wesenseigentümlichkeiten der Dressate studieren. Zum einen ist der Ursprung eines Dressats oft nicht mehr zu ergründen. Der Laternenanzünder kann dem kleinen Prinzen nicht sagen, wer ihm die Weisung gegeben hat. Zum anderen kann eine Weisung, die in ihrem Anfang sinnvoll war, sinnlos werden. Dann lebe ich nicht mehr, sondern ich werde gelebt.

Auch falsche Ideale wie *Du darfst nie einen Menschen verlassen*, *Du darfst nie aggressiv sein* oder *Du darfst keine Gefühle zeigen* sind Dressate, die die Lebendigkeit und Entscheidungsfreiheit eines Menschen verstümmeln. Ist nicht die Trennung aus einer nicht mehr lebbaren Bindung eine der größten psychischen Leistungen des Menschen? Zwei Drittel aller Scheidungen werden von Frauen initiiert. Sie wollen die eheliche Lieblosigkeit nicht länger ertragen.

Ist die konstruktive Aggression als Durchsetzungskraft in der Beziehung wie im Beruf nicht unerlässlich? Müssen wir uns immer unterbuttern lassen?

Ist die militärische Tugend der Gefühllosigkeit, die wir aus dem Krieg kennen, erstrebenswert und für den zivilen Umgang miteinander wünschenswert?

Sind Weisungen und Dressate nicht oft Bann-Botschaften aus der Kindheit, die das Leben mit Raureif überziehen und das seelische Wachstum erstarren lassen?

Künkel betont: *Aber den schlimmsten Abbruch erleidet das Leben durch diejenigen Dressate, die sich auf den Mitmenschen beziehen. Und zwar kommen diese folgenschwersten aller irrtümlichen Einstellungen stets durch die ersten Pflegepersonen, also durch die Mutter, den Vater oder das Kindermädchen zustande. In dem einen Kind entsteht das Dressat: „Du darfst nie eine eigene Meinung haben", in dem anderen: „Kinder haben keinen eigenen Willen", in dem dritten: „Man darf sich nie einem anderen anvertrauen", in dem vierten: „Man darf sich nicht freuen", in dem fünften: „Man darf keine Gefühle haben", in dem sechsten: „Man muss immer das Gegenteil von dem tun, was der andere sagt." Es lässt sich leicht vorstellen, wie tief derartige Gesetze, die dem Kinde zur zweiten Natur werden, die Lebensentfaltung beeinträchtigen müssen.*

Das erinnert mich an einen spannenden Fall in meiner Praxis: Edgar, ein vierundvierzigjähriger Ingenieur, verheiratet, ein Sohn und eine Tochter, kam anfänglich zu mir, weil er Angst hatte, mit seinem geizigen Chef in einen Clinch um eine Gehaltserhöhung zu gehen. Ich betone das Wort „anfänglich", denn was von Edgar als eine schlichte Beratungsstunde zum Thema Gehaltserhöhung gedacht war, weitete sich in mehreren Sitzungen zu einem Lebenspanorama mit beklemmenden Aspekten aus. Edgar hatte nämlich nicht nur Hemmungen, seinem Chef energisch gegenüberzutreten – er fürchtete ihn wie ein kleiner Junge! –, sondern sein gesamtes Leben erwies sich als gehemmt und von Ängsten durchwirkt. *Eigentlich habe ich mich nie getraut, so richtig hinzulangen,* meinte Edgar, *weder bei den Mädchen noch im Beruf.*

Edgar war der Prototyp des schüchternen und eingeschüchterten großen Jungen, ein Astheniker und Leptosom. Man konnte ihn sozusagen mit dem kleinen Finger umstoßen. Edgars Vater, der ihm auf den vergilben Agfa-Fotos wie ein Ei dem anderen glich, war Spätheimkehrer. Er kehrte im Rahmen der Adenauer-Intervention 1955 als entlassener Kriegsgefangener aus der Sowjetunion in das erblühende deutsche Wirtschaftswunder zurück. Als Soldat der ersten Stunde hatte er sechzehn Jahre durch den unseligen Zweiten Weltkrieg verloren und war nie über eine bescheidene handwerkliche Ausbildung hinausgekommen. Er verpasste den Anschluss an den wirtschaftlichen Wiederaufstieg und musste letztlich froh sein, als Hilfskraft in einer karitativen Einrichtung unterzuschlüpfen. Er blieb ein Mann mit gebrochenem Selbstbewusstsein, der niemals wagen würde, aufzumucken. Edgar bekam von diesem Vater von früh an Verunsicherung statt Selbstvertrauen eingeimpft.

Edgars Mutter hatte als Tochter einer kinderreichen Familie keine eigentliche Ausbildung. Sie arbeitete zwanzig Jahre an einer Putzstelle und kellnerte gelegentlich in einem Ausflugslokal. Sie erzog ihren Sohn dazu, *immer brav zu sein* und *den Leuten zu gefallen*. Besonders wichtig war den Eltern, dass der kleine Edgar *still* war und *gute Noten* heimbrachte. Beide Erziehungsaufträge erfüllte Edgar wie ein Vorzeigeschüler. Er wurde ein schüchterner Junge. Er konnte nicht Fußball spielen. Er hatte Angst vor Jungen *und* Mädchen. Erst mit vierundzwanzig Jahren schlief er zum ersten Mal mit einer Arbeitskollegin, die es, wie er berichtete, *aus Mitleid mit mir machte*. Als Ehefrau wählte sich Edgar unbewusst eine Zweitausgabe seiner Mutter, eine verschattete, frömmelnde Frau, die einige Jahre lang als Zeugin Jehovas missionierte, bis sie den Mut fand, mit der Sekte zu brechen. Edgar und seine Frau führten ein unauffälliges Leben ohne größere Höhepunkte mit schwacher Sexualität. Eigentlich wollte Edgar ein

Haus bauen. Er hatte schon einiges angespart, aber als ihn Karola, seine Frau, nicht so recht unterstützte, ließ er wieder die Finger davon.

Folgt man der Sicht Nietzsches, so agierte Edgar das Drama seiner Eltern aus. Nietzsche notiert in *Menschliches, Allzumenschliches: Die unaufgelösten Dissonanzen im Verhältnis von Charakter und Gesinnung der Eltern klingen in dem Wesen des Kindes fort und machen seine innere Leidensgeschichte aus.*

Da aber das Leben nie so plan verläuft, wie es den Dressaten entsprechen würde, leistete sich Edgar ein verwegenes Vergnügen – der zarte Mann wurde zum Wildwasserkanuten! Er bestand Abenteuer auf der Ardêche und anderen Gewässern. Das wurde denn auch zum geheimen Energiepunkt der Therapie. Hier, bei seinem gefährlichen Hobby, hatte Edgar etwas von der Wildheit des Lebens und seinen eigenen männlichen Kräften entdeckt. Diese kostbare Quelle galt es nun anzuzapfen.

Wir bereiteten nicht nur (erfolgreich!) im Rollenspiel die Lohnverhandlung mit seinem knickrigen Boss vor, sondern arbeiteten sorgfältig alle Situationen in Edgars Leben heraus, in denen er doch gelegentlich aufmüpfig gewesen und für sich eingetreten war.

Zum Beispiel hatte er einmal als Junge einen Quälgeist von Kameraden in einem Anfall von Jähzorn fürchterlich verdroschen und sich dadurch für immer von ihm befreit. Er hatte sich über seine Sportlerbekanntschaften bei internationalen Wildwasserabenteuern selbstständig Englisch und etwas Französisch angeeignet. Schließlich begann er, mit einer Arbeitskollegin zu flirten.

Das Glück ist dem Kühnen hold. Edgar krempelte seine müde vor sich hin dümpelnde Ehe um. Er gewann seine Frau für eine Auffrischung ihrer gemeinsamen Sexualität. Er schmiss die längst volljährige Tochter aus dem „Hotel Mama". Schließlich kaufte er kurz entschlossen ein Haus, eine ehemalige Klosterdomäne, Jahrhunderte alt und restaurationsbedürftig. Edgar entdeckte handwerkliche Fähigkeiten an sich und blühte bei der Sanierung des denkmalgeschützten Anwesens förmlich auf. Mit seinem neuen Selbstbewusstsein stiefelte er zur Denkmalschutzbehörde, unterbreitete den Beamten seine Baupläne und erstritt einen Zuschuss. Aus der Therapie, die streckenweise zur Paartherapie mit der liebenswerten und entwicklungsbereiten Ehefrau wurde, verabschiedete sich Edgar lachend mit einem provokanten Sprichwort: *Bescheidenheit ist eine Zier, doch weiter kommt man ohne ihr.*

Am Beispiel Edgars wird sichtbar, wie sich Dressate mit der seelischen Durcharbeitung des Lebens begreifen und beenden lassen. Wobei wir uns dieses Begreifen nicht nur als einen nüchternen Vorgang der rein intellektuellen Einsicht vorstellen dürfen. Begreifen bedeutet in der Therapie immer auch, die schmerzhafte und folgenreiche Zufügung eines Dressats zu beweinen, zu bewüten und in vielen kleinen Schritten zu überwinden – um in der Sprache der Verhaltenstherapie zu sprechen: sich zu dekonditionieren und neu zu konditionieren. Schließlich geht es um die geistige und emotionale Überwindung von seit langer Zeit etablierten, oft neurotischen Handlungsmustern.

Martin Walser fordert in seinem Roman *Der Augenblick der Liebe* den Leser zur Analyse seiner seelenmordenden Lebensdressate auf: *Wessen Gefangener bist du denn? Auf jeden Fall erleidest du eine Daseinsminderung auf Schritt und Tritt, weil du nicht dein Leben lebst, sondern ein Gefangenenleben. Das ist geworden aus deinem Erziehungsprogramm ... Von allen Persönlichkeiten, die du hast entwickeln müssen, hat sich keine so übermäßig entwickelt wie die des Gefangenen ... Du bist der Gefangene, das heißt du darfst nicht sagen, was du denkst; du darfst nicht handeln, wie du willst, sondern du musst leben, wie du musst.*

Wenn unser Charakter tatsächlich genetisch unabänderlich festgelegt wäre, bestünde auch keinerlei Hoffnung auf eine mögliche „Arbeit am Charakter" (Titel von Fritz Künkels bekanntestem Werk). Tatsächlich aber können Dressate, wie wir aus dem Alltag wissen, auch wieder „abdressiert" werden. Wer in einer Familie von Übergewichtigen ständig den Spruch gehört hat *Essen und trinken hält Leib und Seele zusammen*, der muss sich vielleicht mit einem „positiven Dressat", zum Beispiel *Mit wenig lebt man wohl*, auf einen neuen Weg bringen. Ein solches positives Dressat bezeichnete der französische Apotheker und Hypnotiseur Emile Coué (1857 bis 1926) als *affirmativen Einstellungssatz*. Gern propagierte Coué etwa das starke Credo: *Es geht mir mit jedem Tag in jeder Hinsicht immer besser und besser.*

Fritz Künkel sieht in Dressaten engherzige Verhaltensregularien, mit denen das Kind getrimmt wird: *Der weitaus größte Teil aller Charakterzüge besteht aus Dressaten oder lässt sich als Folgeerscheinung von Dressaten ableiten. Jedes Dressat ist eine Einschränkung der produktiven Persönlichkeit, eine Hemmung des Lebens und eine Umfälschung des Subjektes in ein Nur-Objekt; und darum ist es, wie alles Unlebendige, nicht nur kausal bedingt und wissenschaftlich erklärbar, sondern auch der psychologischen Behandlung zugänglich.*

Er definiert das Dressat weiter als ... *ein inneres Gesetz, an dessen Entstehung man sich nicht mehr erinnert, das man in sich vorfindet und das zwangsläufig wirkt wie ein Naturgesetz, weil bei seiner Übertretung die stärksten negativen Erlebnisse wieder wirksam werden würden. Alle Dressate stehen im Dienst der Ichhaftigkeit und verlieren ihre Macht erst, wenn das Ich-Ideal aufhört, Endzweck der Persönlichkeit zu sein.*

Damit folgt Künkel den Spuren einer Gewohnheitspsychologie, wie sie bereits Michel de Montaigne in seinen *Essays* entwickelte: *Auch was wir Gewissen nennen und was wir doch gewöhnlich als naturgegeben auffassen, hat seinen Ursprung in der Gewohnheit.*

Dressate beginnen gewöhnlich mit der Formel *Man darf nicht, Man muss, Man soll* oder *Man darf nie.* Sie zielen auf negative, persönlichkeitsstrangulierende Aspekte des Über-Ichs. Dass im Über-Ich unserer Charakterbildung natürlich auch die tragkräftigen Fundamente von Disziplin, Triebaufschub und optimaler Frustrationstoleranz begründet liegen, steht außer Frage. Was Künkel mit den Dressaten meint, hat die amerikanische Familientherapeutin Virginia Satir (in *Meine vielen Gesichter. Wer bin ich wirklich?*) treffend ins Bild gerückt: *Alles, was wir bedrohlich empfinden, hält uns innerlich gefangen, unsere Ängste sind unsere „Gefängniswärter", die darauf achten, dass wir nichts verändern. Diese Wärter haben wir natürlich selbst geschaffen. Sie rühren aus der Vergangenheit her und sind dadurch entstanden, dass uns früher Autoritätspersonen eingeschüchtert haben, die wir heute noch gelten lassen, ohne ihre Vorschriften auf ihren wirklichen Nutzen zu prüfen.*

In diesem Sinn plädiert Virginia Satir dafür, seelisches Neuland unter den Pflug zu nehmen. Es gibt in unserem Inneren keinen ein für alle Mal vorgeschriebenen, unveränderbaren Plan. Wir können vielmehr Wege freilegen, ausbessern, neue Straßen anlegen. Sicher ist nur, dass wir in diese Welt durch die Geburt hineinkommen und sie mit dem Tod wieder verlassen müssen. In dieser Zeitspanne können wir nach Satir *Unsere eigene Landkarte* entwerfen: *Vielleicht wäre es einer der größten Liebesdienste an uns selbst, wenn wir uns einmal all unsere Überzeugungen daraufhin anschauen würden, ob sie heute überhaupt noch zu uns und unserem Leben passen, oder ob sie Relikte aus unserer Vergangenheit sind, die wir unüberprüft mit uns herumschleppen ... Wie viele Träume und Möglichkeiten nahmen Menschen mit ins Grab, ohne ihnen jemals Ausdruck gegeben zu haben?*

Das genau ist die Frage. Wir sind alle Meister des *status quo*, des schlechten Bestehenden. Der menschliche Charakter ist eine Hochburg des Konservativismus. Er hat ein Trägheitsvermögen, das jeder Beschreibung spottet. Manchmal, in hartnäckigen Therapiesituationen, möchte ich nur noch tief seufzen angesichts der Rückfälligkeit des Patienten in alte Verhaltensweisen, die ich natürlich auf das Schmerzhafteste auch von mir selbst kenne.

Viele Denker haben dieses Trägheitsgesetz des Charakters beschrieben. Der Aphoristiker Georg Christoph Lichtenberg (1742 – 1799) stellt in seinen *Sudelbüchern* fest: *In jedes Menschen Charakter sitzt etwas, das sich nicht brechen lässt – das Knochengebäude des Charakters; und dieses ändern zu wollen, heißt immer, ein Schaf das Apportieren lehren.* C. G. Jung wiederum klagt: *Ohne Not verändert sich nichts, am wenigsten die menschliche Persönlichkeit. Sie ist ungeheuer konservativ, um nicht zu sagen inert* (träge, faul – M. J.). *Nur schärfste Not vermag sie aufzujagen.*

Der Charakter ist das Wesen *und* das Instrument der Individuation. Diese Ichwerdung bedeutet den Umbruch vom *Ur-Wir* des Säuglings zum konturierten, einsamen Ich des Erwachsenen. Das ist Verlust und Gewinn zugleich. Der Gewinn besteht in der

Formung einer individuellen, abgetrennten und schöpferischen Existenz. Der Verlust ist das Herausbrechen aus der differenzlosen Geborgenheit des *Ur-Wir*.

Ich werde nie das existenzielle Erlebnis vergessen, als ich, etwa mit sechs Jahren, auf der Straße vor dem Haus meiner Eltern stand und mir schlagartig bewusst wurde, dass ich nicht mehr nur das gehätschelte Nesthäkchen war, sondern ein abgegrenztes, letztlich einsames Individuum. Mein Vater und meine Mutter arbeiteten in ihrer Praxis, meine drei Brüder und meine Schwester drückten in diesem Augenblick die Schulbank, die Hausgehilfin kochte, die Sprechstundenhilfe betreute Patienten und Karteikarten. Ich war unwichtig. Es lief alles ohne mich. Das war eine narzisstische Kränkung. Am liebsten hätte ich mich wie der kleine Prinz weinend ins Gras geworfen, als er entdeckte, dass seine geliebte Rose nur eine unter Tausenden war. Ich war auch nur eine gewöhnliche Rose. Es hatte mich vor sechs Jahren nicht gegeben, und alle waren trotzdem vergnügt und ohne mich zufrieden gewesen. Keiner hatte mich vermisst...

Künkel beschreibt dieses Herausfallen des Kindes aus dem *Ur-Wir* und sein fröstelndes Erschrecken mit grandiosen Worten: *Es macht die unsäglich schmerzhafte Erfahrung, dass nicht alle Subjekte ein einziges Subjekt sind, die Familie nicht ein einziges Wesen mit mehreren Köpfen ist, dass man selbst nicht restlos eingebettet ist in ein Kollektivsubjekt, sondern dass jeder Kopf ein eigenes Subjekt mit eigenen Rechten und eigenen Pflichten darstellt. Das Leben wäre leicht, ohne Schicksal und ohne Entwicklung, wenn wir in jenem Ur-Wir verharren könnten, in dem wir nach allen Seiten offen und seelisch gleichsam ohne Haut in unsere Mitmenschen hinüberfließen. Die Familie gliche dann etwa dem Korallenstock, bei dem niemand zu sagen vermag, ob der ganze Stock oder ob die einzelne Koralle ein Individuum darstellt. Es wäre der glückliche Zustand ungestörter Einheit, wie er später nur in den Augenblicken der großen Liebe wieder erreicht wird.*

Erbanlagen und Charakter sind zwar konservativ, doch zu unserer Natur gehört auch die Bewegung. Die vollkommene Ruhe ist der Tod. Insofern ist der menschliche Charakter immer wieder Zerreißproben ausgesetzt. Er hat sozusagen Sollbruchstellen, an denen das Material müde wird, nachgibt und erneuert werden muss. Leo Tolstoi schreibt in seinen Tagebüchern (1895): *Ein entscheidender, wenn nicht überhaupt der entscheidende Irrtum ist die Vorstellung, die Welt stünde still, während doch wir selbst und die*

Welt uns in unaufhörlicher Bewegung, in unaufhörlichem Flusse befinden.

Der Charakter versucht, in diesem Grundwiderspruch in seiner Identität zu verharren und muss sich zugleich für die Veränderung und Entwicklung öffnen. Das macht die Größe und die Grenze des Charakters aus: Das Schicksal formt den Charakter. Der Charakter beeinflusst das Schicksal. Jeder Mensch hat sein eigenes Schicksal, weil jeder Mensch seine Art zu sein und zu handeln hat. Arthur Schopenhauer (1788 – 1860) formuliert es in seinen *Aphorismen zur Lebensweisheit* bissig: *Was aber die Leute gemeiniglich „das Schicksal" nennen, sind meistens nur ihre eigenen dummen Streiche.*

Künkel sieht den Charakter im spannungsvollen Widerspruch zwischen Beharrung und Veränderung: *Unser Charakter schützt uns gegen das Zertretenwerden, indem er uns gegen die übrigen Charaktere abgrenzt. Aber der Charakter ist auch die Quelle unserer bittersten Not. Er bewirkt, dass unser Werde-Leid immer wieder in die unfruchtbare Qual des Beharrens übergeht. Denn der Charakter ist die beharrende Form, die das Subjekt annimmt und in der es wie ein Objekt erscheint. Die immer steigende Qual aber zwingt uns immer wieder zur Änderung und schließlich zur Auflösung unseres Cha-*

rakters. Wir müssen zurückkehren zu unserer ursprünglichen Freiheit und Offenheit.

Die Dressate erhalten also nicht das letzte Wort – wir können ihnen die Macht über uns nehmen.

Die vier Charaktere nach Riemann:

Der Schizoide

> *Unser Charakter wird*
> *noch mehr durch den Mangel*
> *gewisser Erlebnisse als durch das,*
> *was man erlebt, bestimmt.*
> Friedrich Nietzsche
> Menschliches, Allzumenschliches

Sigmund Freud war als Arzt am kranken Menschen interessiert. Mit einem Fuß in der naturwissenschaftlichen Tradition des neunzehnten Jahrhunderts stehend, wollte er durch seelische Konflikte bedingte körperliche Krankheiten diagnostizieren und heilen. Als erster Wissenschaftler beschrieb er exakt das Wesen von Neurosen und Psychosen. Von daher ist seine Charakterologie pathogen, das heißt am kranken Menschen gewonnen und auf ihn zugeschnitten. Sie hat sozusagen den desinfektorischen Geruch des Krankenhauses. Freud entdeckte und beschrieb die vier zentralen Persönlichkeitsstrukturen in ihrer Extremvarianz als schwere Neuroseformen: Die

Schizoidie, die Depression, die Zwangsneurose und die Hysterie.

Die moderne Humanistische Psychologie, die von einer hohen Selbstheilungsfähigkeit und schöpferischen Kraft der menschlichen Persönlichkeit ausgeht, übernahm die Freud'schen Kategorien. Sie interpretierte sie jedoch als durchaus normale Strukturen von gewisser Flexibilität und Entwicklungsfähigkeit. Einer der führenden Vertreter dieser Humanistischen Psychologie war Fritz Riemann (1902 bis 1979). Nach dem Studium der Psychologie und einer Ausbildung zum Psychoanalytiker in Leipzig und Berlin wurde er zum Mitbegründer des Instituts für psychologische Forschung und Psychotherapie in München. Dort wirkte er als Dozent und Lehranalytiker. Mit seinem Buch *Grundformen der Angst,* das inzwischen über dreißig Auflagen erzielte und auf über eine Million verkaufter Exemplare zusteuert, legte Riemann 1961 das deutschsprachige Standardwerk der Charakterkunde vor.

Riemanns Aussagen über den schizoiden, depressiven, zwanghaften und hysterischen Charakter und die Vielzahl der Mischformen sind fester Bestandteil der Psychologie geworden. Sie erlauben, bei allen grundsätzlichen Vorbehalten gegenüber jeglichen festschreibenden, kalibrierenden Charakterparametern, eine hilfreiche und seriöse Bestimmung dominanter Charakterstrukturen. Ich kenne kaum ein psychologisches Buch, das mich so fasziniert. Beim Lesen dachte ich immer wieder fassungslos: *Woher kennt der dich?* Wenn ich auf eine einsame Insel nur *ein* psychologisches Buch mitnehmen dürfte, dann würde ich mir, ohne einen Augenblick zu zögern, Riemanns *Grundformen der Angst* einpacken.

Dem Humanisten Riemann kommt es in seiner Charakterologie auf die Entwicklungsfähigkeit des Menschen an. Er betont: *Soweit die Beschreibung der vier Persönlichkeitsstrukturen den Charakter einer Typenlehre anzunehmen scheint, unterschiede sich diese von anderen Typologien insofern, als sie – vorwiegend auf psychoanalytischen Erkenntnissen und Erfahrungen der Psychotherapie und Tiefenpsychologie aufbauend – weniger fatalistisch und endgültig festlegend wäre als vergleichsweise aus der Konstitution oder dem Temperament abgeleitete Typen; die letzteren stellen sich als schicksalhaft gegeben und unabänderlich dar – sie sind nur hinzunehmen. Mir geht es hier um anderes.*

Nicht, weil ich einen bestimmten Körperbau habe, bin ich nach Riemann als einzigartiges Individuum in meinem spezifischen So-Sein qualifiziert, sondern weil ich eine bestimmte Einstellung, ein je eigenes Verhalten zur Welt habe, das ich, entsprechend meiner Lebensgeschichte, erworben habe. Was daran schicksalhaft ist, die leib-seelische Anlage, die Prägung durch Eltern, Geschwister, Schule, Kirche und Freundschaften, ist nach Riemann *in gewissen Grenzen* durch mich selbst zu gestalten und zu verändern: *Die Nachentwicklung zunächst schicksalhaft ungenügend entwickelter, vernachlässigter, fehlgeleiteter oder überfremdeter und unterdrückter Teilaspekte unseres Wesens kann die erworbene Struktur verändern oder vervollständigen zu Gunsten jener vorschwebenden Ganzheit oder Reife, Abrundung, in dem Ausmaß, wie es der Einzelne für sich zu erlangen vermag.*

Keine Charakterbildung ist pur und unvermischt. Jeder von uns ist eine Mixtur aus verschiedenen Zutaten. In der Regel ist jedoch eines der von Freud beschriebenen Grundmotive – das Schizoide, Depressive, Zwanghafte oder Hysterische – dominant. Riemann versteht keine dieser Charakterbezeichnungen abwertend. Wer sich also im Kommenden als überwiegend *schizoid* entdeckt, ist nicht *schizophren*. Wer die depressive Grundstruktur in sich spürt, ist nicht klinisch depressiv im Sinn der Präsuizidalität. Wer starke zwanghafte Züge an sich wahrnimmt, leidet noch lange nicht an einer Zwangsneurose. Wer über hohe hysterische Anteile verfügt, der bekommt deshalb noch lange keine „öffentlichen Ohnmachtsanfälle" im Sinne des bürgerlichen Krankheitsbildes in Freuds Epoche. Nur in der Extremform, in der schicksalhaften Zuspitzung, kann – nicht muss! – der jeweilige Charakter sich zum Krankheitsbild wandeln.

Der menschliche Charakter, sagt Riemann, ist eine Reaktionsbildung auf die Angst. Er unterscheidet dabei zwei verschiedene Arten von Angst. Das eine ist die Grundangst der menschlichen Existenz, von der Philosophen wie Sören Kierkegaard (1813 bis 1855), Martin Heidegger (1899 – 1976) und Jean Paul Sartre (1905 – 1980) sprechen. *Ich stecke meinen Finger in das Sein, und es schmeckt nach nichts*, konstatiert Kierkegaard. *Die Angst ist der Schwindel der Freiheit*, befindet Heidegger. Jean Paul Sartre sagt: *Mit der Wahrheit zu leben, heißt die Angst zu bejahen*. Riemann hebt jedoch auf etwas anderes ab: Die Angst, die jeder Mensch im spezifischen Klima seiner Ursprungsfamilie erfährt und als Grundform in sein Leben mit hineinnimmt.

Wir haben sozusagen vier mögliche Charakteroptionen, um unserer individuellen Angst Herr zu werden und unseren seelischen Stoffwechsel mit der Welt zu organisieren. Wir können uns, unbewusst natürlich, eine *schizoide*, eine *depressive*, eine *zwanghafte* oder eine *hysterische* Charakterstruktur aneignen.

*

Die Grundangst des oder der Schizoiden ist nach Riemann die *Angst vor der Hingabe*. Der Begriff *schizoid* kommt vom griechischen Verb *schizein*, das bedeutet *abspalten*. Der schizoide Mensch spaltet seine Gefühle ab. Sein verborgenes Credo könnte lauten: *Ich bin, weil ich autonom bin.*

Es ist durchaus wichtig, sich einmal zu fragen: Was ist mein tiefster innerer Glaubenssatz, meine Lebensphilosophie? Der Einstellungssatz des Schizoiden hört sich zunächst großartig an, er trägt den wilden Duft der Freiheit in sich, er klingt nach Mündigkeit und Selbstbestimmung. Doch drehen wir den Satz einmal um. Dann lautet er: *Wenn ich nicht mehr autonom bin, dann bin ich nicht mehr*. Was das in der Praxis heißt, bekennen mir oft gefühlskarge und extrem leistungsorientierte Männer. Sie sagen: *Wenn ich einen Autounfall haben und querschnittsgelähmt im Rollstuhl sitzen sollte, dann hoffe ich, dass ich noch in der Lage bin, mir eine Knarre zu besorgen, um mir eine Kugel durch den Kopf zu jagen. So bin ich doch keinem Men-*

schen mehr zumutbar. Wem soll es schon Spaß machen, mich zu füttern und mir den Hintern abzuwischen? Die Vorstellung, dass ein Leben im Rollstuhl noch lebenswert sein könnte und die Frau bei aller Fürsorge tiefe Zuneigung für ihn empfinden könnte, ist einem schizoiden Mann wesensfremd.

Wie wird ein Mensch schizoid? Kein Kind wird als schizoider Säugling geboren. Schizoide Menschen stammen fast immer aus einem emotionalen Mangelhaushalt. Ein Junge hat zum Beispiel von seinem Vater keine zugewandte Liebe erfahren. Er wurde nie geküsst, geschmust oder auf den Schoß genommen; niemals wurden liebevoll seine Tränen getrocknet oder sein Körper gestreichelt. Der Vater zeigte sich meist unnahbar und gefühlsstarr, weinte nie, streichelte und küsste die Mutter nicht. Er trimmte den Jungen mit harten, fast militärischen Parolen: *Ein Indianer weint nicht. Sei nicht so weibisch. Reiß dich zusammen! Gefühle zeigt man nicht! Keine Zeit für Sentimentalitäten! Zähne zusammenbeißen!*

Was macht so ein Kind? Es muss sich schützen, weil es mit seinen Ängsten, Freuden und Sehnsüchten immer wieder auf den väterlichen Granit stößt. Der Junge macht sich zu wie eine Auster. Vielleicht legt er auch einen Stachelpanzer an wie *Hans mein Igel* im gleichnamigen Grimm'schen Märchen. Im arktischen Familienklima wird der Junge gefühlskalt. Der Vater ist ein emotionales Sparschwein, der Sohn wird es auch. Kinder entwickeln sich im ersten Lebensjahrzehnt stark im Modus der Identifikation. Der Junge will sein wie der Papa: stark, schmerzunempfindlich, entschlossen und eisern männlich.

In ihrem Erinnerungswerk *Meines Vaters Land. Geschichte einer deutschen Familie* schildert die Journalistin Wibke Bruhns wie ihr – als NS-Gegner von Freislers Volksgerichtshof zum Tode verurteilter – Vater Hans-Georg Klamroth alles tat, um seinem Vater Kurt, einem erfolgreichen Kaufmann, wie eine Kopie gleich zu werden. Noch der 25-jährige Hans-Georg, Ex-Offizier und junger Kaufmann mit Auslandserfahrung, reimt an den Vater folgendes, psychologisch aufschlussreiches Identifikationsgedicht:
Ach wüsstest du doch, wie ich mich bemühe,
dein Sohn zu werden, nicht nur wie ich's bin,
nach Fleisch und Blut, nein –
dass mich mächtig ziehe
dein Wesen immer mehr nach oben hin.

Ein Weiteres kommt hinzu: Gefühle funktionieren wie eine Sprache. Eine Sprache muss man aber lernen. Dazu braucht es die Kenntnis der Vokabeln, der

Grammatik – und es braucht Übung. In einer schizoiden Familie wird die Sprache der Gefühle nicht gesprochen. Woher soll der Junge sie also lernen?

Fast alle von uns haben irgendwo einen emotionalen „Sprachfehler". Ich hätte das von mir selbst nicht gedacht, weil ich das Kind einer emotional starken Mutter bin. Als ich ungefähr dreißig Jahre alt war, wurde mir langsam klar, dass ich zu Männern ein gestörtes Verhältnis hatte. Ich vermochte sie nicht zu umarmen, geschweige denn sie zu küssen. Letztendlich wurde mir erst in einer Männergruppe klar, woran das lag.

Nach der Scheidung meiner Eltern lebte ich in einem reinen Frauenhaushalt, der Männerwelt entfremdet. Nie sah ich meinen Vater einen anderen Mann umarmen. Er küsste auch uns Söhne nicht. Das entsprach nicht dem harten Geist der Nachkriegszeit. Schließlich kam ich mit zehn Jahren auf ein Jesuitenkolleg von damals klassischer, geradezu paramilitärischer Struktur, inklusive Körperstrafen und Sexualneurose. Dort erlebte ich das Männliche als ein schlechthin bedrohliches Prinzip. Erst im fortgeschrittenen Leben entdeckte ich die mögliche Brüderlichkeit und Solidarität von Männern und genieße heute beides. Mit Freude las ich das Buch des

Benediktiners Anselm Grün *Kämpfen und lieben. Wie Männer zu sich selbst finden.* Anhand von achtzehn biblischen Archetypen von Adam bis Jesus weckt der unorthodoxe Theologe die Lust am Mannsein.

Männer finden sich unter den schizoiden Charakteren häufiger als Frauen. Das hat mit der spezifischen Abhärtungsdressur und sachorientierten Sozialisation des Mannes in der Jungenclique, der Schule und beim Militär zu tun. Erwachsen geworden definiert sich der Schizoide durch Abstand und Distanz, Kühle, innere Einsamkeit und Isolierung. Er hat Angst vor Nähe, Angst, sich preiszugeben, Angst, sich hinzugeben. Schizoide sind Analphabeten der Gefühle. Sie versuchen, menschliche Beziehungen zu versachlichen. Sie haben Schwierigkeiten auf der Kontaktebene. Sie sind reserviert und zugeknöpft. Sie haben Bindungsangst.

Der Schizoide tut sich schwer, die drei Worte über die Lippen zu bringen: *Ich liebe dich.* Er hat Gefühle, aber er zeigt sie nicht. Am Grab der eigenen Frau kann er nicht weinen. Er ist unempathisch, das heißt uneinfühlsam. Er kennt seine eigenen Gefühle nicht. Wie soll er dann die der anderen spüren? Er hat Angst, sich seelisch nackt zu zeigen, seine Ängste und Unvollkommenheit zuzugeben. Er ist zum

Kühlschrank geworden durch das, was er nicht bekommen hat, nämlich Wärme und liebevolle Spiegelung. *Unser Charakter* sagt Friedrich Nietzsche, *wird noch mehr durch den Mangel gewisser Erlebnisse, als durch das, was man erlebt, bestimmt.*

Der Schizoide ist so sachlich, dass es den Partner fröstelt. Seine Abkapselung entspricht der mangelnden Nestwärme der frühen Jahre. Weil er seinen Körper nie als liebenswert empfinden durfte, haust er in ihm wie in einem fremden Territorium. In der Erotik ist er eckig, mechanisch, ohne Verführung, Werbung und Zärtlichkeit. Die Frau eines Schizoiden klagt: *Er ist so sachlich dabei. Es ist, als ob er eine sexuelle Laubsägearbeit an mir verübt. Er spricht, stöhnt und lacht nicht dabei. Er schweigt wie ein Fisch.* Der Mann einer schizoiden Frau konstatiert: *Ich weiß gar nicht, wo sie beim Sex mit ihren Gedanken ist. Manchmal habe ich das Gefühl, sie sagt im nächsten Moment: „Du, die Decke müsste auch mal wieder gestrichen werden."*

Der schizoide Mensch ist hochkontrolliert. Er schaut die Welt sozusagen durch die Schießscharten seines Misstrauens an: *Ich kann niemandem trauen. Der Mensch ist dem Menschen ein Wolf.* Innerlich ist er ein einsamer Steppenwolf, der nur auf sich selbst zählt und seine Autonomie verteidigt. Abhängig zu sein von einem anderen Menschen, hieße für ihn, sich selbst aufzugeben. Wenn man einen schizoiden Menschen ohne Vorankündigung umarmt, ist zu spüren, wie dieser sich förmlich wie eine Schnecke innerlich zusammenzieht. Man hört ihn förmlich murmeln: *Muss das sein?*

Eines Tages betrat eine etwa siebzigjährige Klientin meine Praxis. Es war eine groß gewachsene, energische, lebenstüchtige und nüchterne Frau. Mir fiel auf, dass Edda (Name geändert) ihren Korbsessel gut zwei Meter von mir entfernt platzierte. Wir saßen distanziert gegenüber, wie Chruschtschow und Kennedy während der Kuba-Krise auf dem legendären Gipfeltreffen in Wien. Als ich, um eine etwas wärmere Situation zu schaffen, ihr mit meinem Korbsessel näherrückte, wich Edda unverzüglich um die gleiche Distanz zurück. Diese slapstickhafte Einlage wiederholte sich mehrfach und hätte fast an der gegenüberliegenden Wand geendet. Aber sie hatte einen tragischen Hintergrund.

Edda war in ihrer Kontaktfähigkeit geschädigt. Sie war das dritte und letzte Kind einer Kaufmannsfamilie. Ihre beiden älteren Brüder fielen im Frühjahr 1945 kurz nacheinander an der Ostfront. Der Schmerz der Eltern war unermesslich und wurde nie auch nur annähernd geheilt. Psychiatrisch gesprochen litten die Eltern bis an ihr Lebensende an einer unbehandelten reaktiven Depression, weil sie über den Tod ihrer Söhne, die auch als künftige Geschäftsinhaber vorgesehen waren, nicht hinwegkamen. Ihr Lebenssinn war durch diese Tragödie zerstört. Anstatt sich an Edda, dem Nesthäkchen, zu freuen, verwandelten die Eltern die geräumige Villa in ein Totenhaus. Sie lachten nicht, sie freuten sich wenig, sie waren verbittert.

Edda fühlte sich schuldig, am Leben geblieben zu sein. Weil die Eltern immer nur von den Brüdern sprachen und sie zu Helden idealisierten, fühlte sie sich minderwertig, nicht liebens- und nicht lebenswert. Edda: *Meine Mutter hat die ganze Zeit meiner Kindheit und Jugend Abend für Abend bei brennender Kerze vor den Fotos der Brüder gebetet und häufig dabei geweint. Unzählige Male sagte sie: „Wofür lebe ich noch?" Sie und mein Vater stürzten sich sogar am Wochenende in die Arbeit und betäubten sich damit. Ich wurde irgendwie am Rande mitverwaltet, zum Teil mit Hilfe einer Haushälterin.*

Edda verschloss sich, lief als junges Mädchen in mausgrauen Kleidern herum und fand keinen Freund. Sie übernahm, mit Erfolg, das elterliche

Geschäft. Edda blieb ein Leben lang unverheiratet. Ihre gelegentlichen Männerbeziehungen waren von Distanz und Reserve geprägt und machten sie nicht satt. Im therapeutischen Setting des „Sesselkrieges" wiederholte sie exakt ihre Lebenssituation des inneren Rückzugs vor anderen Menschen.

Schizoide Menschen verletzen oft, ohne es zu wollen, durch ihre überagierte Aggression und Schroffheit. Sie kennen keine Mitteltöne. Manchmal sind sie sogar aggressiv, um sich selbst überhaupt einmal zu spüren. Da sie kein objektives Bild von ihrem Verhalten haben, spüren sie nicht, was sie bei anderen auslösen. Bei Politikern wird dies besonders deutlich sichtbar. Der ehemalige Bundeskanzler Helmut Schmidt, typischerweise vom Volksmund *Schmidt-Schnauze* und in Frankreich *le Feldwebel* genannt, bewies sein mangelndes Einfühlungsvermögen in die Stimmungslage des eigenen Parteivolkes bei der so genannten Nachrüstungsdebatte gegen Ende seiner Amtszeit. Er kommandierte, jeder Sozialdemokrat, der öffentlich vor dem Wettrüsten seine Angst bezeuge, gehöre aus der Partei geschmissen.

Natürlich gibt es auch schizoide Frauen, wie in England die frühere Premierministerin Maggie Thatcher. Die *eiserne Lady*, wie sie von den Engländern genannt wurde, führte einen verheerenden Kampf gegen die britischen Bergarbeiter, die um bescheidene Lohnerhöhung streikten, und demontierte das Sozialsystem ihres Landes nachhaltig. In ihrem persönlichen Auftreten wirkte sie männlich und granithaft. Ihre Frisur, die mühelos laufenden Hubschrauberrotoren standhielt, schien aus Beton gespritzt. Eventuelle Ressentiments gegenüber einer „weiblichen" Politik fegte sie 1982 auf internationalem Parkett hinweg mit dem absurden, 907 Menschenleben kostenden, Falkland-Krieg wegen ein paar unbedeutender Felseninseln vor der argentinischen Küste.

In der beruflichen Orientierung suchen schizoide Menschen fast instinktiv eine Position mit eher sparsamen menschlichen Kontakten. Sie haben es lieber mit Bilanzen, Computern, Maschinen und Labortechnik zu tun. Sie fühlen sich in der Welt der binären Logik wohler als in der bakteriellen Wärme des Menschlichen, Allzumenschlichen. Landet der Schizoide im falschen Beruf, in dem Publikumskontakt angesagt ist, löst er als Abteilungsleiter, Erzieher oder Kellner mit seiner menschlichen Unzugänglichkeit leicht eine Katastrophe aus. Bei einem Kellner etwa ist schließlich ein Minimum menschlicher Ansprache gefragt, sonst kann ich ja gleich in ein

Selbstbedienungsrestaurant gehen. Bei einem abweisenden, kühlen Ober werde ich das Trinkgeld sparsam bemessen.

Oft hat der Schizoide jedoch ein unbewusstes Gespür für die Stärken und Schwächen seines Temperamentes. Einmal war ein Arzt bei mir in der Therapie. Seine Frau hatte ihn zu mir „geschickt". Sie bemängelte, er sei gefühlskarg. In einem klassischen Aha-Erlebnis erkannte der Mann während einer unserer letzten Sitzungen, warum er unter vierzig möglichen Facharztberufen ausgerechnet den des Anästhesisten gewählt habe: „Ich liebe meine Patienten", erklärte der vorzügliche Spezialist, von seiner Einsicht selbst verblüfft, „aber besonders, wenn sie schlafen!"

Zum Rauschhaften hat der Schizoide wie zum Sexuellen ein gespaltenes Verhältnis. Vorwiegend hat er Angst vor dem Bacchantischen und Dionysischen. Wenn er sich einmal einen hinter die Binde gegossen hat, dann fragt er am nächsten Morgen erschreckt seine Partnerin: *Mein Gott, ich habe einen Filmriss. Habe ich mich gestern Abend ordentlich aufgeführt?* Der Hysteriker würde in der gleichen Situation mit Grandiosität fragen: *Ich war so knülle. Kann das sein, dass ich gestern Abend nackt auf dem Tresen getanzt habe? Wie war ich?*

Für den Schizoiden ist die Grenzziehung gegenüber anderen Menschen überlebenswichtig. Er zeigt sich bevorzugt cool und unpersönlich. Sprachlich ist er karg im Ausdruck. Er hasst jede Übertreibung. Konflikte beendet er in seiner „abspaltenden" Art oft radikal, wie mit einem chirurgischen Schnitt. Hilfe, etwa bei Trennungen und persönlichen Krisen, kann er schlecht erbitten. Das verstößt gegen seinen Autonomiestatus. Nur gelegentlich bricht eine tief verborgene Erlösungssehnsucht, ein ungestilltes Verlangen nach Nähe, durch. Hierzu benötigt er dann den Rausch im Wortsinne. Spät nach Mitternacht, wenn der Kegelabend, der Sportverein, die Jagdrunde, die Berufsvereinigung ordentlich Bier getankt hat, dann fallen sich schizoide Männer unverhofft in die Arme, küssen sich und nuscheln selig verklärt: *Du bischt mein Freund. Das wollt' ich dir schon immer sagen. Isch liebe disch!* Am nächsten Morgen, mit Managerköfferchen im Aufzug, schämt sich der ordentliche Schizoide seiner vermeintlichen Schwäche und tut, als sei nichts geschehen.

Auf den Schizoiden trifft besonders zu, was der Schriftsteller Günter Kunert in seinem Aphorismenband *Die Botschaft des Hotelzimmers an den Gast* bekundet: *Je länger man sich selber kennt, desto fremder wird man sich.*

In der Beziehung wählen sich Schizoide oft unbewusst einen warmherzigen Partner. Oft repräsentiert dieser den depressiven Charaktertyp. Wir neigen nach Riemann dazu, unsere Defizite durch die Partnerwahl zu kompensieren. Zwei Schizoide zusammen, das wäre vielleicht ein Eiszapfen zu viel.

Doch wie jeder der vier Charaktertypen verfügt der schizoide Mann, die schizoide Frau auch über beneidenswerte und vorzügliche Qualitäten. Schizoide Menschen sind von einer affektlos-kühlen Sachlichkeit. Sie besitzen eine starke Ich-Abgrenzung und einen stabilen Ich-Komplex. Sie haben Mut zu sich selbst. Sie sind selbstständig und unabhängig. Sie langweilen sich nicht allein. Sie klammern nicht. Sie haben einen kritisch-unbestechlichen Blick. Sie sind unsentimental, gescheit-ironisch, illusionslos und verlässlich.

Schizoide sind auf ihre Weise durchaus auch *konkludent-liebesfähig*. Was heißt das? Der Schizoide tut sich, wie gesagt, schwer, Kosenamen auszusprechen, einen Liebesbrief zu schreiben oder gar „Ich liebe dich!" zu sagen. Aber man kann seine Liebe aus seinem praktischen Tun *konkludieren*, also schließen. Er arbeitet für die Familie bis zum Herzinfarkt. Er repariert alles. Er legt Studienversicherungen für seine Kinder an. Er bringt das Auto der Frau zum TÜV. Er ist loyal in zementhafter Treue. Die Schizoide wiederum backt, bügelt, kocht, näht, putzt, leistet Überstunden, kontrolliert Schularbeiten und opfert sich auf ihre nüchterne, perfekte Art restlos für Mann und Kinder auf.

Schizoide haben ein scharf konturiertes Ego. Sie sind leistungsstark und positiv ich-haft. Sie sagen realistisch: *Ich bin ich. Du bist du. Zwischen uns ist ein Abstand. Das akzeptiere ich.* Sie wollen nicht von der ganzen Welt geliebt werden. Sie behaupten sich. Ohne schizoide Menschen wäre die Welt weniger klar und kompetent. Sie haben eine eigene nüchterne Sicht der Dinge, oft agnostisch und unmetaphysisch.

Der Arzt und Lyriker Gottfried Benn (1886–1956) verkörperte zum Beispiel in seinem essayistischen und dichterischen Œuvre ein prosaisches Lebensgefühl, das zwar von der dreitausendjährigen Bildung des Abendlandes tangiert ist, aber den Menschen zwischen Zigaretten, Zeitungslektüre und drei Maß Würzburger Hofbräu trivial und unsentimental enden lässt. Wir wissen von Benn, dass der reservierte und abweisende Mann abends schweigend mit seiner Frau in einer Berliner Kneipe saß, drei

Bier trank und nach Art eines Insektenforschers die Gäste beobachtete. Er sprach nicht mit ihnen. Frau Dr. Benn, eine Zahnärztin, musste sein Schweigen akzeptieren. Benn gab seiner nüchternen Elegie auf Leben und Tod den profanen Titel einer Fernsehzeitschrift, *Hör zu*:

Hör zu, so wird der letzte Abend sein,
wo du noch ausgehn kannst: Du rauchst die „Juno",
„Würzburger Hofbräu" drei, und liest die Uno,
wie sie der „Spiegel" sieht, du sitzt allein
an kleinem Tisch, an abgeschlossenem Rund
dicht an der Heizung, denn du liebst das Warme.
Um dich das Menschentum und sein Gebarme,
das Ehepaar und der verhasste Hund.

Mehr bist du nicht, kein Haus, kein Hügel dein,
zu träumen in ein sonniges Gelände,
dich schlossen immer ziemlich enge Wände
von der Geburt bis diesen Abend ein.

Mehr warst du nicht, doch Zeus und alle Macht,
das All, die großen Geister, alle Sonnen
sind auch für dich geschehn, durch dich geronnen,
mehr warst du nicht, beendet wie begonnen –
der letzte Abend – gute Nacht.

Der Depressive

> *Vorbei! vorbei! sagte der arme Baum.*
> *Hätte ich mich doch gefreut,*
> *als ich es konnte!*
> *Vorbei! vorbei!*
>   Hans Christian Andersen
>   Der Tannenbaum

Jeder Charakter, sagt Riemann, hat einen Mangel, eine Leerstelle, eine Wüste gleichsam, die es zu bewässern gilt. C. G. Jung würde von dem positiven Aspekt des *Schattens* sprechen, von noch ungelebten, im Dunklen verborgenen und noch nicht gewagten Persönlichkeitsanteilen, die wir mutig ans Tageslicht heben dürfen: Die prüde Frau darf den Vamp in sich entdecken; der zwanghafte Schwiegersohn den wilden Mann; der Schizoide das ängstliche innere Kind, das in ihm steckt; der Hysteriker den inneren Normalmenschen.

Im Nachreifen des Charakters sind wir Entwicklungshelfer unseres Selbst. Der schizoide Mensch darf sich endlich öffnen, die Sprache der Gefühle ler-

nen, Abhängigkeiten zulassen, sein existenzielles Misstrauen gegen Menschen und Welt mindern und ein neues Glaubensbekenntnis lernen: *Ich bin liebenswert, nicht obwohl ich unvollkommen bin, sondern w e i l ich unvollkommen bin.* Der Schizoide könnte einiges von seinem charakterlichen Gegentypus – dem Depressiven – lernen. Der Depressive könnte umgekehrt sich viel vom Schizoiden abgucken und damit „Arbeit am Charakter" (Fritz Künkel) leisten. Wie das?

Die Grundangst des Depressiven ist, nach Riemann, die *Angst vor der Selbstwerdung*. Er oder sie ist von der fundamentalen Angst besessen, *wenn ich ein eigenständiges Ich werde und abgrenzend und eckig bin, dann lieben mich die anderen nicht mehr.* Das verborgene Leitmotiv könnte lauten: *Ich bin, weil ich helfe.* Kehren wir das Credo des Depressiven ins Negative um, so lautet es: *Wenn ich nicht helfe, bin ich nicht.* Der Depressive muss von morgens bis abends für andere strampeln, sonst verliert er seine Existenzberechtigung. Dies ist seine tiefe Angst: Er hält sich als Individuum, um seiner selbst willen, nicht für liebenswert.

Lilli, eine fünfunddreißigjährige, seit dem Studium verheiratete Grundschullehrerin, enthüllte mir die deprimierende geheime Regie ihrer Kindheit: *In meinem Elternhaus ging es knapp zu. Ich hatte drei ältere Geschwister. Ich war von meinen Eltern überhaupt nicht mehr geplant. Mein Vater arbeitete als Elektriker und brachte wenig Geld nach Hause. Meine Mutter litt an einer Polyarthritis. Ich war eine Nachzüglerin, der Abstand zum nächsten Bruder betrug acht Jahre. Meine Mutter hatte soeben begonnen, wieder aushilfsweise in einer Metzgerei zu arbeiten. Soweit ich mich erinnern kann, wurde ich immer irgendwo „deponiert", bei den älteren Geschwistern, bei der Großmutter, bei der Nachbarin, bei Mutters Arbeitskollegin. Ich stand im Weg. Als Schulkind verbrachte ich die Nachmittage mit dem Schlüssel am Halsband mehr oder weniger auf der Straße. Ich fühlte mich fehl am Platz, unerwünscht und wertlos. Dieses Gefühl blieb mir in den Kleidern hängen. Natürlich hatte ich auch die Schulzeit hindurch keinen Freund, obwohl ich hübsch war. Ich war so schüchtern, dass ich vor der Klasse kein Gedicht aufsagen konnte.*

Als sich im zweiten Semester des Studiums Peter für mich interessierte, bin ich vor Dankbarkeit schier gestorben. Er stammte aus ähnlichen Verhältnissen und war als Kleinkind sogar ein Jahr lang bei Pflegeeltern gewesen. Peter und ich waren so eine Art armseliges Hänsel-und-Gretel-Paar, eine Notgemeinschaft. Wir haben ein Jahr nach unserer ersten Begegnung geheiratet, es war wie eine Flucht. Heute spüre ich, dass Dankbarkeit nicht unbedingt Liebe ist. Ich habe mich jetzt in einen tollen Mann verliebt, der in mir die selbstbewusste Frau erweckt. Aber ich kann doch Peter nicht verlassen. Ich weiß weder ein noch aus.

An Lillis Beispiel wird sichtbar, wie ein Kind depressiv „gemacht" wird. Da ist keine Bösartigkeit im Spiel, sondern eher Hilflosigkeit. Das Kind erlebt eine hoffnungslos überfordernde Situation, in der es sich nicht geborgen fühlen kann. Es muss ständig Verständnis für die Situation der Eltern aufbringen. Häufig wurden depressiv getönte Menschen in ihrer Kindheit *parentifiziert, vereltert*. Sie waren zum Beispiel das älteste Geschwister und mussten an Stelle der Eltern die jüngeren Geschwister beaufsichtigen, betreuen, gelegentlich sogar bekochen und erziehen. Oft erzählen mir Klienten mit depressivem Charakter auch, dass sie die Mutter oder den Vater seelisch aufrichten mussten, Geheimnisse und Verantwortung mit ihnen zu teilen hatten und sich ununterbrochen sorgenvoll mit ihnen identifizierten. So ein Kind wird früh altklug und ein Helfertyp. Es liest der bedürftigen Mutter, dem hilflosen Vater jeden Wunsch von den Augen ab. Es verlegt sein Lebenszentrum aus sich heraus und ist fixiert auf die Probleme anderer.

Oft leben Eltern auch eine depressive Lebensphilosophie vor. Das Kind eignet sich dann diese dunkle Lebensart durch sämtliche Poren seiner leib-seelischen Existenz an. In einem depressiven Familienklima fallen Sätze wie *Das Leben ist nur Mühsal, Not hat keinen Feierabend.* Meine geliebte schwerblütige Tante Hella pflegte zu seufzen: *Man muss im Leben von Panne zu Panne hüpfen.* Mit diesem Leitsatz hüpfte sie allerdings bis in das 95. Lebensjahr.

Das depressive Kind erlebt das Dasein als Schuld, und sich selbst als Zumutung für seine Eltern, als Last. Es könnte sich theoretisch auch in schizoider Manier abschließen, schmerzlos machen und in eine Art seelischen Winterschlaf versenken, aber es wählt unbewusst eine andere Option – das Leiden und die Helferkarriere. Es erkauft sich seine Existenzberechtigung durch eine Unzahl karitativer Inszenierungen. Es opfert sich für andere auf. Es wird eine Mischung aus Mutter Teresa und Albert Schweitzer. Es ist altruistisch, einfühlsam, immer hilfsbereit und pflegeleicht. Solche Kinder schätzt man. Man übersieht sie aber auch, weil sie stets bemüht sind, keine Schwierigkeiten zu machen und niemandem zur Last zu fallen. Sie verstecken ihr eigentliches Selbst.

Dieses Selbst enthält nämlich auch aggressive, destruktive, egoistische, finstere und unbequeme Charakteranteile. Depressive neigen dazu, diese „schmutzigen" Anteile hinter dem blütenweißen Krankenschwesternkittel ihrer Helferexistenz zu verbergen. Diese Verdrängung entspricht einer zentralen Grundidee der abendländischen Kultur. C. G. Jung stellt in den *Psychologischen Typen* kritisch fest: *Um der Idealität willen wurden die archaischen Züge des Selbst auch etwa als vom „höheren" Selbst getrennt dargestellt, bei Goethe in Gestalt des Mephisto..., in der christlichen Psychologie als der Teufel oder Antichrist, bei Nietzsche entdeckt Zarathustra seinen Schatten im „hässlichsten Menschen".*

Erwachsen geworden überbetont der Depressive das Du gegenüber dem Ich, wie er es bereits als Kind gelernt hat. Der Schizoide würde dagegen das Ich gegenüber dem Du favorisieren. Wie kein anderer Charaktertyp ist der depressiv getönte Mensch sozusagen rettungslos auf den Partner angewiesen. Er tut alles, um geliebt zu werden. Ihn quält die Kluft zwischen Ich und Du. Genau diese Distanz, die der Schizoide dringend zwischen sich und anderen Menschen braucht, empfindet er als drohenden Liebesverlust. Ich erinnere mich an eine Patientin, die in eine schwere Krise geriet, als der

Mann nach fünfzehn Jahren Ehe und ununterbrochenem Beieinandersein unerwartet zu einer Geschäftsreise in die USA aufbrechen musste. Sie war eine depressiv getönte, klammernde Natur. Sie sagte allen Ernstes zu mir: *Das kann er mir doch nicht antun!*

Im gleichen Maße, in dem mehr Männer, auf Grund ihrer maskulinen Sozialisation, eine schizoide Charakterbildung zeigen, entwickeln mehr Frauen den depressiven Charaktertypus. Frauen werden von klein an auf Beziehungsfähigkeit, Hege und Pflege, auf späteres Muttersein und persönlichen Verzicht hin erzogen: Jungen toben herum und spielen mit Sachen, Mädchen machen sich nicht schmutzig und spielen mit Puppen.

Ein depressiver Mensch entwickelt wenig Eigenständigkeit und Unabhängigkeit. Er kultiviert vielmehr seine eigene kindliche Hilflosigkeit. Oft macht er auch den Partner zum Kind und bringt ihn so in eine Abhängigkeit. Mit seinen ununterbrochenen Hilfeleistungen begegnet der Depressive seiner nagenden Verlustangst. Seine – unreife – Liebesformel könnte lauten: *Ich liebe dich, weil du mich brauchst.* Das bedeutet im Umkehrschluss: Ich selbst mit meinem Sosein bin für dich nicht attraktiv genug. Ich kann dich nur halten, wenn ich ständig materielle und emotionale Serviceleistungen erbringe.

Tief im Depressiven metastasiert der Minderwertigkeitskomplex. Weil der Depressive sich nicht aus sich selbst entwirft und keine Existenzlegitimation verspürt, wird er leicht zum Zweikomponentenkleber auf Lebenszeit. Seine Bindungen sind symbiotisch, fesselnd, luftnehmend. Hinter aller verschwenderischen Hilfsbereitschaft muss der Depressive auch einmal seine erpresserische Liebesformel erkennen: *Du musst mich doch lieben, weil ich alles für dich tue.* Aus dieser armseligen Motivation heraus könnte ein Mann auch seine Putzfrau, eine Frau ihren Steuerberater heiraten.

Für den Depressiven bedeutet Nähe alles. Sie soll ihm das bringen, was in der Kindheit so erschütternd gefehlt hat – Sicherheit und Geborgenheit. Während ich dem schizoiden Mann als Therapeut oft helfen muss, seine *Angst vor Nähe* zu überwinden, so arbeite ich mit der depressiven Frau oft daran, ihre *Angst vor der Distanz* abzulegen.

Angelika, eine dreißigjährige Dozentin im Bereich der Krankenschwesternausbildung, war tief gekränkt, als ihr Mann Bert, ein freiberuflicher technischer Zeichner, sich eines Tages weigerte, weiterhin im gemeinsamen(!) Arbeitszimmer zu arbeiten. Ihm gingen ihre Dauertelefonate auf die Nerven. Angelika meinte entrüstet zu mir: *Er will sich jetzt unseren Hobbykeller zum Studio einrichten. Dann sehe ich ihn nicht mehr. Er gibt damit die ganze Idee unserer Beziehung auf!*

Depressiv getönte Frauen müssen oft die Freude an einem eigenen, individuell eingerichteten und abschließbaren Zimmer entdecken. Sie dürfen erstmalig erleben, wie schön es ist, statt mit dem Partner auch einmal mit fetzigen Frauen in einen Kurzurlaub zu fahren, einen Abend in der Woche mit der besten Freundin einen „Zug durch die Gemeinde" zu machen, kurz, sich die *Wonnen der Distanz* zu gönnen. Als ich Angelika Jahre später wieder traf und nach ihrer Arbeitssituation fragte, gab sie mir lachend Auskunft: *Bert hat damals, gegen meinen Willen, sein Arbeitssouterrain eingerichtet. Ich war anfangs böse. Dann fand ich es immer besser. Er ist als Raucher für mich eine Zumutung. Ich wiederum bin als alte Quatschtante mit Telefonitis eine akustische Pest für ihn. Inzwischen haben wir einen schönen Brauch: Jeden Nachmittag um vier Uhr, wenn wir beide zu Hause arbeiten, bringt er auf einem Tablett Tee und Gebäck zu mir hoch, und wir genießen die ruhige halbe Stunde. Ich habe mich überhaupt selbstständiger gemacht und hocke nicht mehr so viel bei Bert herum. Es ist spannender geworden zwischen uns.*

Der Depressive krankt an einer Ich-Schwäche. Er übertreibt es mit seinen altruistischen Tugenden. Weil in seinem Ich-Komplex ein gewisses Vakuum herrscht, saugt er den anderen dort hinein. Depressive benutzen auch häufig die Redewendung: *Mein Mann sagt, meine Frau meint, meine Kinder brauchen ...* Je weniger der Depressive von sich selbst hält, desto stärker idealisiert er andere Menschen – um dann auch prompt bitter enttäuscht zu werden. Oft nerven Depressive ihre Umgebung geradezu mit ihrer permanenten Bescheidenheit, Friedfertigkeit, Selbstlosigkeit und Verzichtsbereitschaft. Ständig haben sie Mitleid für andere. Dabei sehnen sie sich nach einer Bestätigung für das eigene Unglück.

Der Depressive klagt lieber, statt zu kämpfen. Er jammert, statt *konstruktiv aggressiv* zu sein. Seine Erwartungshaltung dem Leben gegenüber ist passiv. Er sitzt an der gedeckten Tafel des Lebens und langt nicht zu. Die Trauben sind ihm viel zu sauer. Er barmt, statt zu fordern. Er wartet, statt energisch auf das Objekt seiner Begierde zuzugehen. Genau das meint das Wort *Aggression*. Es stammt von dem lateinischen Wort *aggredior, ich gehe energisch auf etwas zu* – und genau davor graut es ihm! Statt ein Übel mit konstruktiver Aggression anzugehen, neigt der Depressive dazu, autoaggressiv zu agieren, also das Elend jammervoll gegen sich zu wenden. Nach dem Motto: *Das geschieht meiner Mutter recht, dass ich mir die Finger abfriere; hätte sie mir Handschuhe gekauft.*

Der Begriff *Depression* stammt vom lateinischen Verb *deprimere, herunterdrücken*. Was der Depressive herunterdrückt, ist eben die Aggression des drängenden, kämpferischen Lebensimpulses. Stattdessen richtet der Depressive die Aggression gegen das eigene Selbst und peinigt sich mit Selbstvorwürfen: *Es ist ja doch alles meine Schuld.* Der Depressive ist konfliktscheu, aggressionsgehemmt. Er hat Beißhemmungen. In der Arbeit wehrt er sich nicht gegen Schlechtbezahlung oder Überforderung. Er lässt sich ausbeuten und auffressen.

Aus Beziehungen vermögen Depressive sich nur schwer zu lösen. Vor lauter Verlustangst neigen sie zur devoten Hundetreue. Im Trennungsfall kann ihre Stimmung so panisch werden, dass sie mit Suizid drohen. Ich habe schon Klienten erlebt, die angesichts einer drohenden Trennung verkündeten: *Wenn mein Partner geht, will ich nicht mehr leben.* Scheidung sehen sie ausschließlich als ein Scheitern, nicht als eine Chance zum Aufbruch, zum Neuanfang. Der Depressive versiegelt wichtige Beziehungen grundsätzlich mit Ewigkeitswert. Er kann nicht loslassen. Er lebt mit seinem Partner auf einer imaginären Insel, nicht im Austausch mit anderen. Als unbewusstes inneres Modell schwebt ihm die uranfängliche symbiotische Mutter-Kind-Beziehung vor. Fühlt er sich nun vom Partner vernachlässigt, geht er in keine streitbare Auseinandersetzung, sondern er macht ihm Schuldgefühle. Der Depressive kennt nur das *Ja*, nicht das ebenso lebensnotwendige *Nein in der Liebe* (Peter Schellenbaum).

Der Depressive übergibt sich dem Partner mit Haut und Haar nach Art einer bedingungslosen Kapitulation. Er verzichtet auf eigene Freunde, eigene Unternehmungen und Vorlieben. Das Ideal heißt *Forever together*. Am liebsten hätte er noch, nach Art alter bayerischer Bauernhöfe, ein Doppelplumpsklosett – ohne Trennwand! Die Tiefenpsychologie spricht hier von einem *oralen Typ*. Dieser verleibt sich in nie gestillter kindlicher Gier alles ein. Nicht wenige Depressive neigen daher in der Tat zu Essstörungen und Fettsucht. Sie kompensieren die Liebesdefizite mit übermäßigem Essen *(Man gönnt sich ja sonst nichts)* oder sie futtern sich einen *Kummerspeck* an, statt sich aktiv zu wehren und gegen den Kummer die Generalmobilmachung der *Aggression*, des *Handelns* auszurufen.

Der passiv leidenden Art des Depressiven entspricht es denn auch, wenn er im Krankheitsfall Bauchweh, Gastritis oder ein Magengeschwür „bekommt". Das sind alles autoplastische Lösungen. Der Konflikt wird nicht dort hingebracht, wo er hingehört – an den Arbeitsplatz oder in die Beziehung – sondern er wird am eigenen Körper *plastiziert*. Ich will keinen Depressiven kränken. Ich selbst musste mich in Therapie und psychotherapeutischer Ausbildung massiv mit der depressiven Grundmelodie meiner Persönlichkeit herumschlagen. Von dorther weiß ich aber: Der Depressive ist ein Virtuose im Gekränktsein und Beleidigte-Leberwurst-Spielen. Oft ist sein ganzer Körper eine Projektionsfläche für das ihm vermeintlich zugefügte Unrecht: Krankheit als Kränkung.

Depressive neigen also – wenn sie sich nicht selbst zur hilflosen Figur stilisieren – zum Helferverhalten. Sie tun all das für andere, was sie gern für sich selbst hätten, aber was sie nicht einzufordern wagen. Kontakt zu anderen Menschen wird grundsätzlich über das Helfen hergestellt. Das verleiht dem eigenen „Charakter" einen narzisstischen Heiligenschein und macht zugleich unangreifbar. Die vermeintliche Uneigennützigkeit verleiht auch Macht, denn Helfen schafft Abhängigkeiten. Das ist nicht ungefährlich, gerade in der Partnerschaft.

Bei Julia und Franz, die ich in der Paartherapie kennenlernte, wuchs sich die Helferbeziehung zur massiven Krise aus. Franz hatte als kleiner Junge an einem Hüftgelenksschaden gelitten. Er wurde damit zum tragischen Außenseiter. Seine Mutter verwöhnte das einzige Kind in gut gemeinter Absicht, aber mit einer letztlich schwächenden Affenliebe. Bekanntlich kann man einem Kind nicht nur durch zu wenig Liebe schaden, sondern auch durch ein Übermaß an Aufmerksamkeiten, Kontrolle und behütender Fürsorge erdrücken und regelrecht lebensunfähig machen *(erworbene Hilflosigkeit)*. Die Mutter *kokonniert* das Kind, um den Fachterminus zu verwenden, sie hüllt es wie eine kleine Raupe in einen Kokon ein. Franz erlebte sich in dieser mütterlichen Intensivstation als eine Art Pflegefall. Dabei war er bis auf sein Hinken ein normaler, grundsätzlich lebenshungriger Junge. Aber diese vitale Seite seiner Persönlichkeit durfte er nicht leben.

Es klingt nach Kolportage, und ich hätte es fast nicht geglaubt, wenn Franz und Julia es mir nicht beide bestätigt hätten: Franz lernte bei einem Klinikaufenthalt „seine" Krankenschwester kennen und lieben – Julia. Die beiden heirateten. Julia stürzte sich mit der ganzen Kraft ihrer unerlösten Helferpersönlichkeit auf Franz, der wegen seiner Hüftgelenksluxation immer noch leicht hinkte. Vermutlich war es das *Geheimnis der Partnerwahl,* das Franz im unbewussten *Wiederholungszwang* (Freud) bewog, in Julia eine Zweitausgabe seiner überfürsorglichen Mutter zu wählen. Julia ihrerseits war eine depressive Natur und hatte früher als ältestes Kind einer kränkelnden Mutter die Verantwortung für zwei jüngere Geschwister zugewiesen bekommen.

In der Ehe von Julia und Franz geschah nun nach einigen Jahren das, was den Paartherapeuten nicht überrascht, weil es im Rahmen der Beziehungsdynamik gefährlich nahe liegt: Einer von beiden emanzipiert sich aus der neurotischen Konstellation. Hier war es Franz. Er lernte eine zarte „Kindfrau" kennen, die sämtliche Beschützerinstinkte in ihm mobilisierte. Endlich war er einmal der Starke, der Ritter ohne Furcht und Tadel und nicht länger mehr das pflegebedürftige „Objekt".

Es wurde für mich spannend zu erleben, wie nicht nur Franz, sondern auch Julia unter dem schmerzenden Eindruck der Außenbeziehung und der Krise ihren Charakter entwickelten. Franz gewann männliche Konturen und nabelte sich zusehends auch von seiner Mutter ab. Julia zeigte sich erschüttert von der Lektüre, die ich ihr empfahl, nämlich dem klassischen Standardwerk über das Helfersyndrom von Wolfgang Schmidtbauer, *Die hilflosen Helfer*. Darin steht der markante Satz: *Hinter jedem Helfer steckt ein vernachlässigtes Kind.* Julia begriff endlich auch, warum gerade Krankenschwestern und Ärzte, trotz ihrer scheinbar erfüllenden Helfertätigkeit, in signifikantem Maße zur Flucht aus dem Leben neigen – Ärzte haben die höchste Sucht- und Suizidrate unter allen akademischen Berufen. Julia lernte, sich mehr auf sich selbst zu zentrieren, nicht mehr ständig auf Franz zu starren und stattdessen lustvoll ihre eigenen Interessen zu leben. Nach dem Ende der Therapie schrieb sie mir einmal, welcher Zuspruch von mir ihr am besten getan hätte. Es war ein alter Spontispruch, den ich ihr in der Tat als verbales Antidepressivum verschrieben hatte. Er lautete: *Erst war ich selbstlos, dann ging ich selbst los.*

Depressive neigen zur Selbstbestrafung bis hin zur Selbstzerstörung. Sie geraten umgekehrt in die Gefahr, den Partner „weich zu vergewaltigen", emotional zu missbrauchen. Ihre Dulderrolle reicht bis zum Masochismus. In Krisen tendieren sie rasch zu Hoffnungslosigkeit und Selbstaufgabe. *Depressive sehen leicht allzu viel als „Gottes Willen" und Fügung an und können sich damit der Eigenverantwortung entziehen, in falsch verstandener Demut* (Fritz Riemann).

Wir finden beim Depressiven vieles von dem, was Galen zum Charakter des Melancholikers subsummiert hat. Der/die Depressive ist gerne übergriffig, weil ihm Grenzen Angst machen. Wie hinreißend er leiden kann, das demonstrierte der französische Romantiker und Diplomat François René Chateaubriand (1768–1848). Wir würden Chateaubriand – dem wir übrigens den Namen der berühmten Fleischspeise verdanken – charakterologisch als depressiv-hysterisch bezeichnen. Er bekannte einmal selbstkritisch: *Ich würde am liebsten als Einsiedler leben, aber die Einsiedelei müsste auf einer Bühne stehen.*

Die depressive Frau, der depressive Mann sind also, wie wir sehen, nicht nur Opfer böser Umstände. Sie weichen der unbequemen Aufgabe ihrer *Individuation* aus. Wer sich ständig an andere hängt, braucht selbst nicht mehr zu laufen. Wer sich nur auf den anderen bezieht, braucht keine Eigenzentrierung. Er versäumt darüber das Abenteuer und Wagnis des eigenen Lebens. Der Depressive richtet sich gewissermaßen am Startplatz des Lebens ein und stagniert, anstatt loszusprinten. Ich kann mich heute gut daran erinnern: In den Phasen meines Lebens, in denen mein depressiver Charakter dominant war, habe ich oft den Hintern nicht hochgebracht. Der Depressive darf und muss endlich die Lust an der Ichwerdung, an der eigenen Eckigkeit, am *sacro egoismo,* am *heiligen Egoismus,* wie die Italiener sagen, entdecken.

In der Sexualität ist der Depressive hingebungsvoll, einfühlsam und von ozeanischem Fluten. Er ist, kurz gesagt, das Gegenteil des Schizoiden. Mit dem Depressiven hat man eine Wärmflasche unter der Bettdecke. Er ist rücksichtsvoll. Sein Vorspiel erstreckt sich sozusagen von Dienstag bis Freitag. Aber, und das ist ein gewichtiger Einwand, Depressive, ob Frauen oder Männer, klagen häufig über mangelnden Sex. Frage ich in der Sprechstunde genauer nach, dann erhalte ich Antworten wie jene von Otto, die mir unsterblich in Erinnerung geblieben ist. Otto war ein Hals-, Nasen- und Ohrenarzt, liebenswert, ein Ausbund an Aufopferung und Rücksichtnahme gegenüber den Menschen, besonders gegenüber seiner Ehefrau. Doch er beklagte sich über ihr rares Sexualleben. Er wolle schon, aber seine Frau nicht.

Ich fragte: *Ist sie krank?* Otto: *Nein.* Ich: *Was ist mit ihr?* Otto: *Sie ist berufstätig.* Vorsichtig wandte ich ein, dass doch sehr viele Menschen arbeiteten, und dass die Berufstätigkeit einer Frau nicht unbedingt ein Hinderungsgrund für Sexualität sein müsse. Doch Otto widersprach sanft: *Werktags ist sie nach der Arbeit zu erschöpft. Da kann ich ihr keinen Sex zumuten.* Ich schöpfte Hoffnung und fragte schnell: *Aber da wäre ja dann das Wochenende?* Otto: *Da geht es nicht. Da muss sie sich erholen.*

Hier sieht man den grundsätzlichen „Webfehler" des Depressiven überdeutlich. Er hat oft, wenn es darauf ankommt, keinen „Biss". Wie der Schizoide zu einer ekstatischen Sexualität nicht fähig ist, weil er keinen Augenblick auf seine Kontrolle und Gefühlsabstinenz verzichten mag, so bekommt der antriebsschwache Depressive häufig wenig Sexualität, weil er sie nicht energisch genug einfordert. Otto müsste sich und seiner Frau Feuer unter den Hintern machen. Er könnte etwa sagen: *Liebste, ich bin scharf wie Nachbars Lumpi. Ich könnte jede Litfasssäule bespringen. Heute Nacht wirst du notgeschlachtet!* Das würde die Partnerin wahrscheinlich eher antörnen als das verständnisvolle Dauergesäusel!

Positiv gesehen ist der Depressive eine wahre Wundertüte: warmherzig, verschwenderisch, ein Kachelofen auf zwei Beinen. Er kann sich zurücknehmen, alles von sich hergeben. Wobei dieses Alles auch oft zu viel ist. In depressiven Familien gilt häufig das Sprichwort *Man muss das letzte Hemd herschenken*. Genau das ist falsch. Sonst steht man nämlich nackt da. Selbst der Heilige Martin gab der Legende nach dem Armen nur die Hälfte seines Mantels, mit der anderen schützte er sich selbst gegen die Kälte.

Depressive sind Menschenfreunde voller Zuwendung und Verantwortungsgefühl. Sie können teilen. Sie schaffen, wo immer sie auftauchen, ein warmes Klima. Betritt ein Depressiver das Zimmer, steigt sozusagen die Zimmertemperatur (während sie beim Schizoiden eher sinkt). Die Welt wäre eindeutig kälter ohne depressive Menschen. Sie haben hohe Ideale und können sich einer Idee mit vollem Herzen hingeben. Sie sind hinreißende Verwöhner und Meister der Zärtlichkeit. Sie sind beziehungsorientiert, nicht sachorientiert.

Kein Wunder, dass unter den depressiven Charakteren mehrheitlich Frauen mit ihrer starken Bezüglichkeit und fürsorglichen Qualitäten zu finden sind. Die Zunft der Helferberufe würde zusammenbrechen, wenn es nicht die Depressiven gäbe. Riemann: *Beruflich neigen sie vor allem zu gleichsam Mütterlich-Sorglichem, zu den helfenden, dienenden, pflegenden Tätigkeiten, wo sie aufopferungsfähig, geduldig und einfühlend, wie sie sind, ihre besten Möglichkeiten entfalten können.*

Die Gefühlsinnigkeit und Unbedingtheit der Depressiven, ihre Fähigkeit zur einfühlenden Identifikation, sucht ihresgleichen. Das geht allerdings so weit, dass Depressive oftmals selbst auf den Genuss verzichten, stattdessen andere für sich genießen lassen und sich über diesen Eigenverzicht mit ihnen identifizieren. Man nennt das in der Psychologie die *altruistische Abtretung*. Auch in der Sexualität kümmert sich der Depressive eher um die Lust des Partners als um die eigene – und kommt dabei selbst oft zu kurz.

Doch Depressive sind groß im Ausharren und Ertragenkönnen. Riemann: *Sie sind in der Tiefe dankbar für das, was sie haben; was ihnen glückt, schreiben sie weniger sich selbst und ihren Fähigkeiten zu, als dass sie es als Geschenk und Gnade empfinden, und so die Demut im echten Sinne leben.* Riemann empfiehlt dem Depressiven, den ihm fremden charakterlichen Pol mutig zu besetzen, also Abgrenzung, konstruktive Aggression, Eigeninitiative, kämpferische Leidenschaft. Er/sie sollte alles tun, um einen starken Ich-Komplex zu entwickeln. Nicht anders verhält sich auch Joanne K.-Rowlings weltberühmter Held *Harry Potter*. Der leidende, depressiv getönte Junge vom Ligusterweg 4 entwickelt sich im Magier-Internat Hogwarts, wie ich in meinem Buch *Der Zauber der Wandlung. Harry Potter und das Abenteuer der Ichwerdung* gezeigt habe, vom Unglücksraben zur Führernatur. Harry wehrt sich, kämpft – und siegt.

Den literarisch interessierten Leser mag die klassische Darstellung eines depressiven Kindes und Jungen interessieren, die der schwedische Dramatiker und Romancier August Strindberg (1849 – 1912) in seinem autobiografisch gefärbten Roman *Der Sohn einer Magd. Die Entwicklungsgeschichte einer Seele* vorlegte. Johann kommt als unerwünschtes Kind eines der Aristokratie entstammenden Handelskaufmanns und einer ehemaligen Magd zur Welt. In drei Zimmern wohnen der Vater, die Mutter, zwei Dienstboten und die sieben Kinder. Die Mutter hat den Vater abgerichtet, bei seiner Heimkehr die Kinder zu verprügeln: *Man fürchtete den Vater. Wenn der Ruf „Papa kommt!" ertönte, rannten alle Kinder weg, versteckten sich oder liefen ins Kinderzim-*

mer ... Bei Tisch herrschte Totenstille, und Vater sprach nur wenig.

Johanns Familie ist im Grunde nicht mehr als eine Speiseinstitution, eine Wasch- und Plättanstalt, die noch dazu unrentabel wirtschaftet. Erziehung ist hier Haarzausen, Prügeln und Schimpfen, unter der Mahnung „Gott lenkt. Darum sei gehorsam": *Das Leben empfing das Kind nur mit Pflichten, immer wieder mit Pflichten, aber nie mit Rechten. Alle anderen durften ihre Wünsche aussprechen, die Wünsche des Kindes aber wurden unterdrückt. Es konnte nichts anfassen, ohne etwas Unrechtes zu tun, nirgends hingehen, ohne im Wege zu stehen, kein Wort sprechen, ohne zu stören. Schließlich getraute es sich schon nicht mehr, sich zu bewegen. Seine höchste Pflicht und seine höchste Tugend war, still auf einem Stuhl zu sitzen und ruhig zu sein. „Du hast keinen Willen" hieß es ständig, und damit wurde der Grund zu einem willenlosen Charakter gelegt. „Was sollen die Leute dazu sagen?", hieß es später, und damit wurde sein Ich zerstört, so dass er niemals er selbst sein konnte, sondern immer von den schwankenden Meinungen anderer abhängig war. Sich selbst traute er nie etwas zu.*

In der Schule wird Johann für jedes Zuspätkommen verprügelt. Er bricht in Schluchzen aus und zittert am ganzen Leib, *nicht wegen des zu erwartenden Schmerzes, sondern vor Scham, dass er wie ein Schlachttier oder Schwerverbrecher übergelegt werden soll.* Johann erlebt die frühe Schulzeit als eine Lehrzeit für die Hölle und nicht fürs Leben. Die Lehrer scheinen überhaupt nur da zu sein, um die Schüler zu peinigen. Das ganze Leben lastet auf Johann wie ein schwerer, erdrückender Albtraum. Es ist *wie eine Strafanstalt für Verbrechen, die schon begangen waren, ehe man geboren wurde.*

Gleichwohl liebt Johann, wie alle Kinder, seine herbe Mutter, die ihm so wenig Liebe geben kann. Die Sehnsucht nach der Mutter begleitet ihn durch das ganze Leben. Es bleibt sein Lebensdrama, *dass er nie er selbst, nie ganz frei, nie ein abgekapseltes Individuum war. Immer blieb er eine Mistel, die nicht wachsen konnte, ohne von einem Baum getragen zu werden. Eine Kletterpflanze war er, und er musste sich eine Stütze suchen.*

Johanns Charakter wird durch die Liebesentbehrung geformt und geschwächt: *Er war wie ein Hohlspiegel, der alle ihn treffenden Strahlen zurückwarf. Er war wie ein Sammelbecken, in dem alle Erfahrungen und alle wechselnden Eindrücke aufgenommen wurden, und er war voller Widersprüche ... Zu Hause eiskalt, war er zuweilen gefühlvoll bis zur Sentimentalität. Er war im*

Stande, im Torbogen sein Hemd auszuziehen und es einem Armen zu geben, und angesichts eines Unrechts konnte er weinen. Johann leidet an dem, was der Psychotherapeut Peter Schellenbaum in einem gleichnamigen Buch „Die Wunde der Ungeliebten" nennt.

Natürlich kann Johann mit seiner gedrückten Verzichtsnatur auch nichts mit dem Geschenk der Sexualität anfangen. Sie bereitet ihm nur religiöse Schuldgefühle. Er meint, er müsse wegen seiner Selbstbefriedigung mit fünfundzwanzig Jahren *mit geschwundenem Rückenmark und abgefallener Nase* sterben: *Sein Geschlechtstrieb, den er nach der Entdeckung seiner Sünde unterdrückt hatte, brach jetzt in seinen nächtlichen Träumen aus, die er dem Teufel zuschrieb und gegen die er Jesus als Retter zu Hilfe rief. Er war ein Pietist geworden, aber war er aufrichtig? So aufrichtig, wie es einer sein kann, der sich in eine antiquierte Weltanschauung hineinleben will.*

Es ist die lange Geschichte eines depressiven Charakters, die uns der Außenseiter August Strindberg erzählt. Er öffnet uns die Augen dafür, wie sehr auch gesellschaftliche Umstände, soziale Not und religiöser Obskurantismus einen Charakter deformieren können. Charakterbildung ist nicht allein eine individuelle und familiäre Größe. Am Ende deutet der

Dichter an, dass ein Charakter sich im Widerstand gegen die Umgebung zum Positiven entwickeln kann. Der depressive Charakter muss kein Schicksal sein. Der frühere KZ-Häftling, Arzt und Altmeister der Logotherapie, Viktor Frankl, sprach trotz und wegen seines schweren Schicksals von der *Trotzmacht des Geistes*.

Johann sucht nach Ursachen für seine mangelnde soziale Kompetenz. Er erkennt, dass die Erziehung ihn für die Gesellschaft untauglich gemacht hat: *Weil er sich nicht damit abfand, ein Ausgestoßener zu sein, erwachte allmählich sein Verdacht: Ob nicht auch die Gesellschaft, zu der ja Schule und Universität gehörten, Schuld trug an seiner Erziehung, ob nicht auch die Gesellschaft mit Fehlern behaftet war, die man beseitigen musste?*

Der Zwanghafte

*Vom höchsten Ordnungssinn
ist nur ein Schritt
zur Pedanterie.*
   Christian Morgenstern (1871–1914)
   Stufen

Der Depressive ist, wie wir sahen, im Kern seiner Persönlichkeit ängstlich und mutlos, von geringer Selbstachtung und schwer zu stillendem Liebeshunger. Seine Lebensflamme wurde früh klein gestellt. So macht er sich denn auch als Erwachsener noch in Gestik, Haltung und Sprechweise klein. Lieber verzichtet er auf ein eigenes Ich, als in die Konfrontation mit der Welt zu gehen. Sein Leiden enthebt ihn des Kämpfens. Seine Klage ist immer auch Anklage. Er neigt zu einer pessimistischen Weltanschauung. Er ist, selbst da, wo er sich fröhlich gibt, eher fatalistisch. Er nimmt in gleichsam konservativ-religiöser Unterwerfung sein Schicksal an.

Der Lyriker und protestantische Pfarrer Eduard Mörike (1804 – 1875) hat als Depressiver diese Schicksalsergebenheit in einem Gedicht ausgedrückt:

> *Herr, schicke,*
> *Was Du willst.*
> *Ein Liebes oder Leides.*
> *Ich bin vergnügt,*
> *Dass beides*
> *Aus Deinen Händen quillt.*

Der Zwanghafte dürfte zu solchen masochistischen Ausführungen in der Regel wenig disponiert sein. Seine Grundangst ist nach Riemann *Die Angst vor der Wandlung*. Er ist ein bedingungsloser Anwalt des Bestehenden, ein Konservativer des Herzens. Nichts macht ihm mehr Angst als die Vergänglichkeit. Dabei wusste bereits der Philosoph Heraklit (550 – 480 v. Chr.): *Alles fließt*. Und: *Man steigt nicht zweimal in den gleichen Fluss.*

Jedes Leben von Mensch und Tier wird durch den Tod aufgehoben, ist also an sich vergänglich. Aber nicht nur das, mitten im Leben werden wir mit unserem eigenen Sterben konfrontiert: Die Haare werden grau und fallen aus, unser Gesicht bekommt Falten, der Körper erhält die Signaturen des Alters. Der Kampf gegen das Transitorische, Vorübergehende der menschlichen Existenz ist ein vergeblicher Kampf gegen Windmühlen. Hier liegt gleichsam das ungelöste philosophische Problem des Zwanghaften: Auf einer tieferen Ebene negiert er den Tod. Doch wir sterben – spätestens ab der Lebensmitte – auf Raten.

Das unbewusste Glaubensbekenntnis der zwanghaften Persönlichkeit könnte lauten: *Ich bin, weil ich alles plane.* Wie unterschiedlich können Menschen sein! Der eine existiert nur, weil er autonom ist; der andere, weil er hilft; der Dritte, weil er jeden Zufall auszuschalten versucht. Ex negativo lautet der Satz des Zwanghaften wohl: *Wenn ich nicht plane, bin ich nicht.* Da bricht das Chaos um ihn aus. Er fällt in das blanke Nichts.

Zwanghaft sind wir alle nicht gerne. Das gibt keiner gerne zu. Tiefenpsychologisch umso dringlicher stellt sich daher die Frage: *Ist mir das Zwanghafte wirklich vollständig fremd?* Wenn ich in der Frage möglicher zwanghafter Charakteranteile ehrlich sein will, dann sollte ich meinen Partner oder meine Kinder fragen. Die wissen Bescheid. Kinder speziell sind Experten in der Kenntnis des väterlichen und mütterlichen *Schattens,* weil Kinder hell und meist rücksichtslos wahrhaftig sind.

Natürlich hat der Zwanghafte mit seinem Insistieren auf und seiner Sehnsucht nach Dauerhaftigkeit nicht einfach nur Unrecht. Eine Welt ohne Beständigkeit wäre chaotisch und selbstzerstörerisch, ohne Ordnungen und ohne Verlässlichkeiten. Ein Kind kann schwere charakterliche Schäden erleiden, wenn ständig seine Bezugspersonen wechseln. Die Wiederkehr des Gewohnten und Vertrauten ist für die Stabilisierung unseres Ichs unerlässlich.

Aber beim zwanghaften Menschen ist das Sicherungsbedürfnis überwertig geworden. Er hat die Neigung, alles beim Alten zu belassen und wendet sich gegen jede Neuerung. Er oder sie hat einen Hang zu Dogmatismus und Prinzipienreiterei, manchmal auch zum Fanatismus und ist häufig von Vorurteilen geprägt. Er beschränkt selbst seinen Horizont, stemmt sich unbelehrbar gegen Entwicklungen und neigt zur Intoleranz. Das Fremde und die Fremden machen ihm Angst, eben weil sie fremd sind und das Vertraute in Frage stellen.

Mussten wir nicht alle in den letzten Jahrzehnten der Medienrevolution – von einer Flut neuer TV-Sender über den Computer bis zum Handy – die Wahrheit des Wandels realisieren? Der Zwanghafte will das Leben als starren Status quo konservieren.

Es gelingt ihm nicht. Er versucht, es unduldsam in Regeln zu zwingen. Welches Seelendrama liegt hinter dieser Angst vor Veränderung?

Es ist das Drama einer fremdbestimmten Existenz und einer gnadenlosen Dressur. Beim Zwanghaften zeigt sich in höchstem Maße die Bedeutung der *Dressate* im Sinne Fritz Künkels: Kein Kind wird zwanghaft geboren, es wird dazu gemacht. Die deutsche Gesellschaft war weit bis in die Nachkriegsjahre autoritär, zwanghaft und von der Schwarzen Pädagogik der Peitsche und des Teppichklopfers geprägt. *Ordnung ist das ganze Leben* stand unsichtbar über der Tür zum Kinderzimmer. Eltern malträtierten ihre Kleinkinder mit einer rigiden Sauberkeitserziehung auf dem Töpfchen. Sie erzogen das Kind zum so genannten *analen Charakter*: Sie zwangen das Kind mit Schimpfen und Schlägen sehr früh zum peniblen Reglement über seine Ausscheidungen. Jeder Widerstand wurde rücksichtslos gebrochen.

Viele ältere Klienten erzählen mir mit bebender Stimme von der pädagogischen Totschlagmaxime ihrer Eltern: *Wir werden deinen Eigensinn schon brechen!* Dabei geht es um den für die Charakterausbildung so kostbaren *Eigen-Sinn* des Kindes, den Sinn für das Eigene! *Ist so ein kleines Rückgrat, sieht man fast noch nicht, darf man niemals beugen, weil es sonst zerbricht* ... (Bettina Wegner). Es verwundert kaum, dass gerade die in der Nachkriegszeit Aufgewachsenen von diesem Lied so angerührt werden.

Das Kind wird durch den Ordnungsterror der Eltern bestraft, jegliche aggressiven, affektiven oder spontanen Impulse werden gehemmt, unterdrückt und ausgetrieben. Dabei ist ein gesundes Kind impulsiv, lebhaft, hochmotorisch und in einem guten Sinne anarchisch. Es stellt Ordnungen in Frage. Eltern ducken ein Kind so lange, bis es zum Duckmäuser wird. Sie schlagen so lange auf seine Fantasie ein, bis es fantasielos geworden ist. Sie boykottieren so grimmig seine Spontaneität, dass es uniform wird wie ein kleiner Soldat.

Natürlich meinen es die Eltern in ihrem erzieherischen Drang grundsätzlich gut. Denn sie sind selbst zwanghaft. Sie haben, ob sie es wissen oder nicht, lähmende Angst vor der immer wieder aufbrechenden chaotischen Struktur des Lebens, seiner Krisenhaftigkeit und Unberechenbarkeit. Ihr Ordnungsfanatismus ist ein Zwillingsbruder ihrer Existenzangst. Sie zwingen schon das kleine Kind, auf dem Töpfchen wie im Kinderzimmer, zur aseptischen Sauberkeit. Sie geben ihm nur Liebe, wenn es *bedingungslos* gehorsam ist. Das schmeckt nach Kapitulation, und das ist es auch. Immer muss das Kind *anständig und brav* bei Tisch sitzen. Wehe, es macht etwas kaputt. Wehe, es tobt und äußert stürmisch seine Gefühle!

Fritz Riemann beschreibt in *Grundformen der Angst* das Fatale dieser zwanghaften Mitgift: *So züchten solche Eltern bestenfalls Spalierbäume statt frei sich entfalten könnende Bäume. Sie dressieren mehr, als dass sie erziehen, und machen die Kinder zu Marionetten. Wir halten in der Erziehung viel von Strafen, und hier wirkt sich oft ihre sadistische Seite aus, in der Härte der Strafen, im Erzwingenwollen des Gehorsams, in Strafen, die das Kind die Macht der Eltern spüren lassen sollen und es oft erniedrigen … Selbst eingeengt und zwanghaft erzogen, fällt es diesen Eltern schwer, den Kindern eine Freiheit zuzugestehen, die sie selbst nicht gehabt haben, und so geben sie die Tradition, in der sie aufgewachsen sind, unverändert weiter, obwohl sie selbst darunter gelitten haben.*

Der zwanghafte Mensch hat als Kind die Erfahrung gemacht, dass die Welt mit Verbotsschildern zugestellt ist. Was es gern getan hätte, war ihm verboten. Was lebendig war, war „unordentlich" und durfte nicht gelebt werden. Dabei lieben Kinder nichts mehr als das kleine Chaos, die Improvisation, aufregende Regelverstöße.

Meine Geschwister und ich werden nie vergessen, wie unsere Eltern uns einmal kurz nach dem Krieg mit einem herrlichen „unordentlichen" Geschenk zu Weihnachten überraschten. Es war ein Zelt. Zusammengefaltet macht so ein olivfarbener Gummisack mit Zeltbahnen, Schnüren und Heringen mitten im Winter nicht viel her. Man kann das Zelt ja frühestens im Frühjahr aufstellen. Was taten meine Eltern? Sie stellten das Zelt im so genannten Herrenzimmer auf: Sie trieben die Heringe schonungslos in die Parkettritzen! Die Löcher waren noch jahrelang zu sehen. Aber dieses Weihnachten mit den Nächten im Zelt werden wir bis zum letzten Atemzug unseres Lebens nicht vergessen.

Wie ein Mensch als Kind zwanghaft zugerichtet werden kann und sein ganzes Leben dadurch geformt wird, erlebte ich in der Sprechstunde bei einem Mann, nahe an der Pensionsgrenze. Er kam in einer Berufs- und Lebenskrise zu mir. Er war dafür verantwortlich, dass in der Abteilung seiner Firma durch falsche Investitionen stattliche Gelder in den Sand gesetzt wurden. Daraufhin schob man ihn kurzerhand vorzeitig aufs Altenteil. Es war ein unehrenhafter Abschied. Der Mann, nennen wir ihn Eberhard, reagierte mit einem seelischen Zusammenbruch darauf. *Ich war doch ein Leben lang ordentlich,* sagte er fassungslos zu mir, *ich habe mir nie etwas zu Schulden kommen lassen.*

Ordnung war tatsächlich Eberhards ganzes Leben gewesen. Ordnung hatte ihn positiv getragen, aber auch in seiner Lebendigkeit stranguliert. Er war das Kind ostpreußischer Flüchtlinge. Sein Vater, ein Offizier der Wehrmacht, kam 1945 mit einer schweren Tbc, vom Tod gezeichnet, nach Hause und starb ein Jahr später. Sie waren vier Kinder und wohnten als Flüchtlinge, schwer deklassiert, in einem Barackenlager. Was konnte der sterbende Vater seinen Kindern noch mitgeben? Zucht und Ordnung. *Alles konnten sie uns nehmen,* sagte er wiederholt erbittert, *aber nicht unsere Ehre.*

Er trimmte die Kinder auf Fleiß, Gehorsam und Haltung. Als sie nach Kinderart schlampig am Esstisch saßen, steckte der Vater ihnen Besenstöcke zwischen Arme und Rücken, damit sie die *preußische Haltung* lernten. Weil Eberhard der Älteste war, knöpfte ihn sich der Vater besonders vor. Eberhard musste ihm versprechen, auf ein kirchlich geführtes Internat (für mittellose Kinder) zu gehen und dort Abitur zu machen, um dann für die Ausbildung seiner drei jüngeren Geschwister zu sorgen. Vor allem aber prägte ihm der Vater eines ein: *Wenn du auf dem Internat bist, darfst du nie weinen, auch wenn das Heimweh noch so stark ist. Du musst deinen jüngeren Geschwistern ein Vorbild sein!*

Genau dieses Dressat erfüllte der tapfere kleine Eberhard aufs Wort. Seine Tränen versiegten. Sein Heimweh würgte er im Internat herunter. Anpassung und Gehorsam wurden ihm zur Lebensmaxime. Er förderte, wie er es dem Vater versprochen hatte, die jüngeren Geschwister und verhalf ihnen allen zu einer abgeschlossenen Ausbildung. Er erfüllte seine Berufspflicht und seine eigene spätere Vaterschaft mit *preußischer Haltung*. Er setzte das Ordnungsprinzip über alles. Er beging dabei Verrat an seinem Selbst, seiner Sehnsucht nach Leichtigkeit, dem Wagnis und der Wildheit des Seins.

Das ging so lange gut, bis das Schicksal in Form des oben erwähnten beruflichen Fehlers sein totalitäres Ordnungsprinzip aushebelte. Eberhard vermochte nicht, eine eigene Ordnungswidrigkeit in sein Persönlichkeitsbild zu integrieren. Er durfte keine Fehler machen. Er konnte sich dieses Versagen nicht verzeihen und kollabierte moralisch und seelisch.

Der zwanghafte Mensch terrorisiert sich und andere. Er kann nicht zulassen, dass es nie eine Wahrheit allein gibt, sondern mehrere Wahrheiten. Der Satz des Philosophen Sokrates *Ich weiß, dass ich nichts weiß* ist dem Zwanghaften verhasst. Er ist menschlich, politisch und religiös oft ein Fundamentalist. Die Dressur, die ihm selbst widerfuhr und die so qualvoll war, gibt er an den Partner, die Kinder, die Arbeitskollegen weiter. Der *Anankast* (von altgriechisch *anánke, der Zwang*) verdrängt das Lebendige in sich, das Unkonventionelle, die Lust, die sexuellen Begierden. Da uns nichts fester im Griff hält als gerade das, was wir zu verdrängen versuchen, kostet es eine immense Kraft, dieses Verdrängte in Schach zu halten.

In Wolfgang Schmidtbauers Buch *Die Angst vor Nähe* taucht der Zwanghafte als *Normopath* auf – er leidet an den verinnerlichten Normen. *Es ist,* schreibt der Münchener Psychoanalytiker, *beim Normopathen die Moral, mit der er die Vielfalt des Lebens, der Liebe, der Verstrickung und der Lösung erstickt. Wo ihn eine Frage beunruhigt, eine Erscheinung nicht zu seinen Normen passt, wird sie mit der Moralkeule plattgemacht.* Zwanghafte sträuben sich wohl von allen Charakteren am stärksten gegen jede Form von Beratung und Psychotherapie. Schmidtbauer: *Die Offenheit und stän-*

dige Weiterentwicklung der Psychoanalyse ist allen ein Ärgernis, die ausziehen, um einfache Rezepte zu gewinnen. Wer sich in die Vielfalt menschlicher Entwicklungen vertieft, erkennt bald, dass alle wesentlichen Beziehungen ambivalent sind, dass es kaum eine Entscheidung in Erziehung, Bildung oder Therapie gibt, die nicht ihre Schattenseiten hat.

Der Zwanghafte steht folglich unter hohem Innendruck. Er ist gehemmt und nicht gelöst, starr und nicht flexibel, eher grimmig als heiter. Er geht im Marschschritt, statt im lebendig pulsierenden Rhythmus des Lebens zu tanzen. Schöpferische Unordnung ist ihm fremd. Auf dem Schreibtisch sind Briefschaften und Bleistifte in penibler Akkuratesse angeordnet. Der Hobbykeller blinkt wie ein Labor. Wehe, man bringt einem Zwanghaften nicht pünktlich das von ihm geliehene Werkzeug zurück, dann steht ernsthaft die Freundschaft auf dem Spiel!

Zwanghafte Frauen sind oft Putzteufel. Was schrubben sie mit so viel verzweifelter Energie weg? Könnte es jener „Schmutz" sein, den sie insgeheim bei der „unordentlichen" Sexualität und den damit verbundenen „unreinen" sekretorischen Absonderungen fürchten?

Der Aufklärungsphilosoph La Mettrie (1709 – 1751) schreibt in seinem Essay *Über das Glück* von 1748: *Wie viele Menschen sind durchaus tugendhaft, brav, keusch, maßvoll – und unglücklich. Ihre Redlichkeit, Klugheit und Bildung steht außer Zweifel. Aber nichtsdestoweniger tragen sie schwer an der Starrheit ihres Charakters und an der drückenden Bürde ihrer Humorlosigkeit und trockenen Vernünftigkeit. Sie sind hart und streng, ernst, kalt und unfreundlich, aber auch verlässlich und wahrhaftig. Ihr bedrücktes und griesgrämiges Wesen bewirkt, dass in ihrer Gegenwart Frohsinn und Heiterkeit ersticken.*

Das Individuum wird durch die Dressate seiner Kindheit und Jugend gewaltsam gepresst, befindet Julien Offrey de La Mettrie in seinem Hauptwerk *L'homme machine (Der Mensch als Maschine)* von 1748: *Man wird als Mensch ebenso durch Dressur geformt wie ein Tier, zum Schriftsteller ebenso wie zum Lastträger.* La Mettrie setzte diesen Zwängen das Bekenntnis zum wandelbaren Leben entgegen: *Genießen wir das Heute! Nur das zählt für unser Leben. Tot sind wir all die Jahre, die wir in der Zukunft leben, einer Zeit, die noch nicht ist; denn sie ist uns ebenso wenig verfügbar wie die Vergangenheit, eine Zeit, die nicht mehr ist.*

In der Liebe ist der Zwanghafte bestimmend, dominant, rechthaberisch. Er will den Partner und die Kinder nach seinem Bilde formen. Es gibt nur eine Wahrheit, und das ist seine. Von romantischen Gefühlen hält er wenig. Die Beziehung ist ihm vielmehr ein verlässlicher, fast schon juristischer Kontrakt, der vor allem eines garantiert: Dauer. Das irrationale, transzendierende Element in der Liebe schreckt ihn ab. Wie sagte einmal eine anorgasmische, zwanghafte Frau in meiner Praxis: *Was die Leute immer so ein Gedöns um die Liebe machen! Eine Handvoll peinlicher Liebesbriefe und etwas Geschubbere im Bett, das ist doch alles, nicht wahr?*

Manchmal führen Zwanghafte richtige *Strindberg-Ehen*. Sie organisieren die Beziehung mit einem detaillierten System von Regeln, vor allem im Finanziellen. Sie legen alles schriftlich fest. Im Streit vergällen sie dem Partner das Leben mit rigoroser Rechthaberei und Nörgelei. In Geldfragen sind sie pingelig und kleinkariert. Sekundärtugenden wie Sparsamkeit und Pünktlichkeit rangieren bei ihnen, den Gesetzestafeln Moses gleich, als Primärtugenden von unerschütterlicher Gültigkeit. Wehe, das Essen steht nicht punkt zwölf Uhr auf dem Tisch. Wehe, der Partner verspätet sich. Wehe, der Partner wünscht eine neue Couchgarnitur, obwohl die alte noch gar nicht *verschlissen* ist! Zwanghafte erkennt man leicht daran, dass sie chronische Geldknauser sind. Die Partnerschaft insgesamt muss *picobello* funktionieren, das Haus muss so sauber sein, dass man vom Boden essen kann.

In der Aggression ist der Zwanghafte stärker als der Depressive, aber er drückt sie eher indirekt, etwa durch übermäßige Korrektheit oder enges Amtsverständnis aus. Das ist der Beamte, der um Punkt ein Uhr den Schalter schließt, egal wie wichtig das Anliegen des letzten Kunden auch ist. Das ist der Busfahrer, der zwanghaft losfährt, obwohl er im Rückspiegel ein Kind hinterherlaufen und winken sieht. Ordnung muss sein.

Eine Klientin erzählte mir: *Mein Mann ist Polizist. Er bringt am Morgen immer die Kinder zur Schule. Aber nur, wenn sie auf die Minute genau um halb acht vor der Garage stehen. Stehen sie zu diesem Zeitpunkt erst in der Haustür, fährt er erbarmungslos ohne sie weg.* Ich dachte zunächst, was für ein Ekelpaket ist dieser Kerl wohl. Inzwischen vermute ich, dass er ein armer Mensch ist, der als Kind von seinen elterlichen Ordnungsfetischisten auf Gardemaß getrimmt wurde.

Die Soziologen und Philosophen Theodor Adorno und Max Horkheimer erforschten in ihrem amerikanischen Exil während der Nazizeit den Typus der *autoritären Persönlichkeit*. Diese „bewährt" sich natürlich besonders im Dienst totalitärer Interessen. Zwanghafte Menschen sind in ihrer Berufswahl auf Positionen mit hoher autoritärer Qualität fixiert. Früher waren das Beamte, Chefärzte, Juristen, Militärs, Pastoren und Polizisten.

Max Horkheimer führt in seinem Werk *Zur Kritik der instrumentellen Vernunft* (1947) als Wesensmerkmale des autoritär-zwanghaften Menschen unter anderem Folgendes an:

Er denkt in hierarchischen Begriffen – „Leute an der Spitze", „ganz unten" usw.

Er ist durch und durch „autoritär", das heißt er akzeptiert Autorität um ihrer selbst willen und fordert ihre rigorose Anwendung.

Er hängt dem Schwarz-Weiß-Denken an. Weiß ist die eigene Gruppe, schwarz die andere, fremde Gruppe. Alles Andersartige wird heftig verworfen.

Er widersetzt sich jeder Selbstkritik, untersucht nie seine eigenen Motive, sondern schiebt stets anderen Personen oder äußeren Umständen die Schuld für ein Missgeschick zu.

Er neigt dazu, den subjektiven, phantasievollen, zartbesaiteten Menschen abzulehnen.

Er ist schlechthin ein Verächter der Menschen, glaubt an ihre angeborene böse Natur und macht sich oft eine zynische Philosophie zu eigen, die im Widerspruch zu seiner konventionellen Übereinstimmung mit „idealen Werten" steht.

Er betont ständig das „Positive" und lehnt kritische Einstellungen als „destruktiv" ab; in seiner spontanen Phantasie hingegen offenbart er selbst stark zerstörerische Tendenzen. Er denkt in Weltuntergangsbegriffen und sieht allenthalben „böse Mächte" am Werk.

Er besteht auf sexueller „Reinheit", Moralität oder zumindest Normalität, wittert überall „Laster", ist aber zugleich von sexuellen Vorstellungen besessen.

Er beklagt sich über die niedrigen, materialistischen Beweggründe der anderen, denkt aber selbst oft ans Geld.

Dinge sind ihm wichtiger als Menschen.

In einer Männergruppe erlebte ich einmal einen zwanghaften Mann, der sich im freien Zivilleben nicht zurechtfand. Rüdiger war Berufssoldat mit festem antikommunistischem Feindbild gewesen, hatte sich aber selbst von der Bundeswehr getrennt. Diesen Schritt bereute er tief, denn er kam in Zivilberufen einfach nicht an. Als ich Rüdiger kennen lernte, war er bereits zwei Mal gekündigt worden. Nicht, weil er faul oder unmotiviert gewesen wäre, sondern weil ihm die klare Hierarchie und die Kommandos fehlten. In beiden Arbeitsstellen waren Entscheidungsfähigkeit, Kompetenz, Selbstverantwortung und Teamarbeit gefragt, aber Rüdiger wartete immer nur auf Anweisungen. *Ich habe nichts anderes gelernt*, meinte er verzweifelt in der Gruppe, *das ist mir in Fleisch und Blut übergegangen.*

Rüdiger nannte das Problem beim Namen: seine Dressur und Willensbrechung in Kindertagen. Der österreichische Schriftsteller Heimito von Doderer bemerkt einmal in seinem Roman *Ein Mord, den jeder begeht: Jeder bekommt seine Kindheit über den Kopf gestülpt wie einen Eimer. Später zeigt sich erst, was darin war. Aber ein ganzes Leben rinnt es an uns herunter, da mag einer die Kleider oder auch Kostüme wechseln, wie er will.*

Da unsere Gesellschaft seit Jahrzehnten zunehmend auf Kompetenz und Teamwork setzt und Konsensmoral, individuelle Lebensstile, Pluralismus und Toleranz in der „posttraditionalistischen" Epoche als höchste Güter favorisiert, ist der Zwanghafte heutzutage nicht „trendy", sondern ein Anachronismus. Weil er immer alles prinzipiell sieht, ist er oft entscheidungsschwach und ein Zauderer. Er nervt seinen Partner mit dem Wunsch, immer den gleichen Urlaubsort aufzusuchen, nie die Kneipe zu wechseln. Als Unteroffizier ist er der Schreck der Kompanie, als Pastor ein buchstabengläubiger Eiferer, als Beamter ein Bürokrat, als Politiker ein Konformist. In Sachen Sexualität sind Zwanghafte oft Tugendbolde und Sittenwächter. Zwanghafte betonieren große Flächen um ihr Haus herum zu, weil es *sauber aussehen* soll: Der Rasen wirkt wie mit der Nagelschere geschnitten. Trostlose Friedhofsgewächse säumen das Grundstück. Die Beete sind streng geometrisch angelegt.

Der Zwanghafte ist penibel genau. Er übertreibt die Ordnung, die ja an sich ein gutes Strukturprinzip ist, aus einer inneren Notlage heraus ins Extrem. Dabei ist er nicht selten unproduktiv, weil sein ständiges Aufräumen und Ordnen viel Zeit kostet. Er kontrolliert manchmal mehr, als er arbeitet. Grundsätzlich entscheidet der Zwanghafte nach Akten- und Gesetzeslage, selten nach moralischer Billigkeit und Gefühl. Wenn im Urlaub das Hotel nicht exakt den Angaben des Prospektes entspricht und der Fußweg zum Strand fünf Minuten länger als angegeben ist, prozessiert er.

Für andere Lebensformen hat der Zwanghafte wenig Verständnis und schon gar keine Neugier. Er hat auch auf sich selbst wenig Neugier. Das Abgründige in sich will er nicht wahrhaben. Sorgsam sperrt er seine Zuständigkeitsbereiche gegen andere ab. Er streitet sich bei Kleinigkeiten „um des Kaisers Bart". Hilflosigkeit hasst der Zwanghafte wie die Pest. Er fühlt sich dabei wie ein Käfer, der, die Beinchen in der Luft, auf dem Rücken strampelt. Hilflosigkeit ist Chaos und Kontrollverlust für ihn, niemals jedoch eine Möglichkeit, mit anderen Menschen in Kontakt zu kommen. Er weiß nicht, dass man das Herz eines anderen Menschen gewinnen kann, indem man ihn um Rat und Hilfe fragt.

Zwanghafte sind überzeugt, dass keiner sie im Betrieb ersetzen kann. Keiner macht es so korrekt und richtig wie sie. Eine Frau erzählte mir von der Zwanghaftigkeit ihres Mannes Folgendes: *Nach der Pensionierung ging er monatelang zwei Mal in der Woche zu seinem früheren Arbeitsplatz und schaute nach dem Rechten. Er merkte gar nicht, dass er die ehemaligen Kollegen nervte und sie bei der Arbeit aufhielt. Als ich ihn fragte, warum er immer noch in der Firma erscheine, anstatt seine Rente zu genießen, antwortete er mir: „Die Jungen können das nicht richtig. Ich muss mich um sie kümmern."*

In der Sexualität ist der Zwanghafte für den Partner oft die Langeweile pur. Man kann es oft mit zwei Worten zusammenfassen: *Sonntagmorgen. Missionarsstellung.*

Zwang tötet, sagt das Sprichwort. Aber bis zu einem gewissen Maß trägt er auch. Wenn wir beispielsweise aus dem Urlaub aus südlichen Ländern zurückkommen, freuen wir uns auch durchaus über das „typisch Deutsche" – vielleicht hat es uns in anderen Ländern sogar ein wenig gefehlt: die Ordnung, die Sauberkeit, das Funktionieren der Dinge, die Pünktlichkeit. Zwanghafte Menschen sind, positiv gesehen, bewunderungswürdig für ihre Ausdauer, ihr

Pflichtgefühl, ihre Tragfähigkeit und Stabilität. Sie sind fleißig, genau, konsequent, planvoll, verantwortungsbewusst, zäh und zielstrebig. Auf einen Zwanghaften kann man bauen. Er ist gewissenhaft, um Objektivität bemüht. Er ist ernsthaft und kein Lachsack. Wenn ich die Wahl hätte, mich von einem zwanghaften Zahnarzt oder einem Hysteriker behandeln zu lassen, würde ich immer den ersteren vorziehen. Ich will schließlich mit dem Zahnarzt keine Zungenküsse austauschen!

So wie die Welt durch die nüchternen, schizoiden Menschen kompetenter, durch die gefühlsstarken, depressiven Menschen wärmer wird, wird sie durch die Menschen mit hohen zwanghaften Anteilen sicherer. Für viele Berufe, vom Handwerker bis zum Laborarzt, vom Kassierer bis zur Zahntechnikerin braucht es geradezu als Voraussetzung ein gewisses Maß positiver Zwanghaftigkeit. Hysterische Grandiosität würde höchstwahrscheinlich zu Schlamperei führen und wäre für diese Berufe kontraproduktiv, ja verheerend.

Der Zwanghafte hat, mit seiner asketischen Lebensauffassung, dem notorischen Geiz gegen sich selbst und gegen andere, schwer an seinem Charaktergepäck zu tragen. In Todesanzeigen oder Nachrufen heißt es über ihn häufig: *Sein Leben war Arbeit und Pflichterfüllung.* In puncto Treue hingegen schlägt ihn so schnell keiner. Aber auch der Anankast wird sich entwickeln müssen. Riemann meint dazu: *Die Hilfe kann nur liegen im Bewusstmachen der eigentlichen Hintergründe der Zwänge und im Zulassen und Integrieren der gefürchteten und deshalb gemiedenen, lebendigen Impulse. Meistens handelt es sich bei diesen um aggressive, affektive und sexuelle Impulse.*

Zwanghafte betonen ihr Bedürfnis nach Dauer und Sicherheit zu einseitig. Sie erstarren darin. Riemann: *Sie sollten den Gegenimpuls der Bereitschaft zur lebendigen Wandlung mehr integrieren und das wagen, wogegen sie glauben, sich sichern zu müssen: das Annehmen der Vergänglichkeit. Sie sollten es mehr lernen, nicht immer nur zu wollen, sondern auch mit sich geschehen zu lassen.*

Als eine der beklemmendsten Darstellungen der Zwanghaftigkeit und ihrer Folgen kann ich dir, liebe Leserin, lieber Leser, Heinrich Manns Meisterwerk *Der Untertan* (1918) empfehlen. Es ist das Psychogramm einer totalen Zwangspersönlichkeit. Der tragikomische Held Diederich Hessling ist Sohn und einziges Kind eines Papierfabrikanten. Er wird von seinem wilhelminischen Vater, einem ehemaligen

Unteroffizier, mit Pflicht und Prügel und wenig Liebe erzogen. Das ganze Universum besteht für den kleinen Diederich nur aus Zwang: *Nach so vielen furchtbaren Gewalten, denen man unterworfen war, nach den Märchenkröten, dem Vater, dem lieben Gott, dem Burggespenst und der Polizei, nach dem Schornsteinfeger, der einen durch den ganzen Schlot schleifen konnte, bis man auch ein schwarzer Mann war, und nach dem Doktor, der einen im Hals pinseln durfte und schütteln, wenn man schrie – nach all diesen Gewalten geriet nun Diederich unter eine noch furchtbarere, den Menschen auf einmal ganz verschlingende: die Schule.*

Der kleine zwanghafte Untertan unterwirft sich vollkommen dem Rohrstock des Lehrers. Seine verborgene Aggression agiert er aus, indem er seine kleinen Schwestern Diktate schreiben lässt und die Mädchen mit Strafen belegt. Nach oben buckeln, nach unten treten, lautet früh seine Maxime. Natürlich findet Diederich in seinem Chemiestudium in Berlin unverzüglich zur schlagenden Verbindung der „Neuteutonen". Er liebt die straffe Rangordnung und die Trinität von Kommandieren, Gehorchen, Saufen. Seine „Fresse" lässt er in der Mensur mit scharfen Säbeln markieren.

Er ist ein „Held" und ein Rädchen im strengen Reglement: *Jetzt waren Ordnung und Pflicht in sein Leben gebracht. Zu genau eingehaltenen Stunden erschien er ... im Fechtsaal, beim Frisör und beim Frühschoppen. Der Nachmittagsbummel leitete zur Kneipe über; und jeder Schritt geschah in der Korporation unter Aufsicht und mit Wahrung peinlicher Formen und gegenseitiger Ehrerbietung.*

Beim kaiserlichen Militär wird Diederich vollends zum zwanghaften Staatsbürger geschliffen. Er bewundert den stumpfen Drill, aber er ist doch so klug, sich über kurz oder lang wegen seiner Plattfüße vom Militärdienst befreien zu lassen. Etwas väterlicher Einfluss hilft bei der Diagnose nach. In Diederichs konservatives zwanghaftes Weltbild passen selbstredend Arbeiter, Sozialdemokraten und Juden nicht hinein. Auch Frauen sind entweder „Nutten" oder standesgemäß. Als er Agnes, die Tochter aus einem finanziell kriselnden Fabrikantenhaus kennenlernt, entjungfert er sie. Heiraten tut er sie nicht. Sie ist ja nicht mehr jungfräulich ... Dagegen führt er Gusti, die Millionenerbin, heim. Ordnung muss sein, Geld gehört zu Geld.

Nach dem frühen Tod des Vaters avanciert der inzwischen mit Mühe und Not promovierte Diederich zum Fabrikbesitzer. In seiner Ordnungsphilosophie stehen die Arbeiter – denen er doch seinen Reichtum verdankt – auf der untersten Ebene der Rangordnung. Sie sind für ihn alle potenzielle Revoluzzer. Sie sollen sich besser ducken. Er selbst duckt sich ja auch – gegenüber Gott, Staat und Kaiser.

Während seiner Antrittsrede in der Fabrikhalle tönt der frisch promovierte Dr. Hessling nach der forschen Art Kaiser Wilhelm II. vor den Arbeitern: *Mein Kurs ist der richtige, ich führe euch herrlichen Tagen entgegen. Diejenigen, welche mir dabei behilflich sein wollen, sind mir von Herzen willkommen. Diejenigen jedoch, die sich mir bei dieser Arbeit entgegenstellen, zerschmettere ich.*

Diederich versteht sich in der sozialen Hierarchie seiner Kleinstadt als *Stütze der Gesellschaft*. Er ist in Wahrheit ein Konformist, Machtanbeter und Mitläufer, der mit seinesgleichen 1914 Deutschlands Untergang herbeiführen wird. Längst hat er über die Armseligkeit und die Ängste seiner Kindheit den psychologischen Sicherheitsmechanismus emotionaler und politischer Zwänge errichtet. Wie so mancher Zwanghafte ist er ein Kontraphobiker, ein Angstverdränger. Thron und Altar sind seine Götter, mit denen er die Teufel seiner Seelenfurcht austreibt.

In Rom, auf seiner Hochzeitsreise mit Gusti, begegnet Diederich „seinem" Kaiser. Es ist der Höhepunkt des Romans. Wilhelm II. fährt im Wagen vom Bahnhof aus auf die Menschenmenge zu, in der sein Untertan steckt:

Aber Diederich, in entfesselter Begeisterung, durchbrach die Schranken … Schon war er inmitten des Platzes; zwei Soldaten in Federhüten jagten ihm nach, dass ihre bunten Frackschöße flogen … Diederich schwenkte den Hut, er wollte auch, dass die Herren im Wagen ihr Gespräch unterbrachen. Der rechts neigte sich vor – und sie sahen einander an, Diederich und sein Kaiser. Der Kaiser lächelte kalt prüfend mit den Augenfalten, die Falten am Mund ließ er ein wenig herab. Diederich lief ein Stück mit, die Augen weit aufgerissen, immer schreiend und den Hut schwenkend, und einige Sekunden lang waren sie, indes ringsum dahinten eine fremde Menge ihren Beifall klatschte, in der Mitte des leeren Platzes und unter einem knallblauen Himmel ganz miteinander allein, der Kaiser und sein Untertan.

So weit unser zwanghafter Held. Als Anankast muss ich lernen, mich vertrauensvoll in das Leben und seine grundsätzliche Offenheit fallen zu lassen. Einfach so.

Die Österreicherin Christine Busta formuliert diese vertrauensvolle Haltung in einem Gedicht unter eben diesem Titel, *Einfach so*:

> *Sich in die Hingabe bergen,*
> *ins große Wagnis der Liebe.*
> *Sich keine Sicherheit errechnen,*
> *nur eine Gewissheit haben:*
> *den Tod.*
>
> *Vielleicht*
> *kann man so*
> *das Leben erfüllen.*

Der Hysteriker

Von anderen Pflanzen unterscheiden
sich Schauspieler dadurch,
dass sie eintrocknen,
wenn sie nicht in die Presse kommen.
　　　Alfred Polgar (1875 – 1955)
　　　Kleine Schriften

Der Zwanghafte könnte etwas von seinem Gegentypus, dem Hysteriker, lernen: Leichtigkeit, Lust und Lebensfreude. Umgekehrt dürften sich der Hysteriker, die Hysterikerin eine dicke Scheibe vom Zwanghaften abschneiden: Bodenhaftung, Beharrlichkeit, Besonnenheit.

Woher stammt der Begriff Hysteriker? Das griechische *hystéra,* das heißt *Gebärmutter,* weist zunächst auf etwas Kreatives hin. Tatsächlich geriet das Wort *hysterisch* seit der Wende zum zwanzigsten Jahrhundert in Misskredit. Man nannte bestimmte verhaltensauffällige Frauen *Hysterikerinnen.* Es waren meist Damen aus der bürgerlichen Schicht. Heute wissen wir, dass sie mit ihrem hysterischen „Getue",

also merkwürdigen indefiniblen Krankheiten, angeblichen Kreislaufkollapsen, Ohnmachtsanfällen und Schreikrämpfen, in Wahrheit auf ihre demütigende weibliche Rolle und verdrängte Sexualität reagierten. Im Sinne der Riemann'schen Definition sollten wir zwar das Moment des Schauspielerischen im hysterischen Charakter nicht aus den Augen lassen, aber nicht abwerten, sondern zugleich seine schöpferische Qualität mitwürdigen.

Die Grundangst des hysterisch inszenierenden Menschen ist die *Angst vor der Notwendigkeit*. Das ist die Kontraposition zum zwanghaften Charakter, den die Angst vor der Wandlung und der Unbeständigkeit des Seins umtreibt. Beide, der Zwanghafte wie der Hysteriker, liegen in ihrer einseitigen Wertigkeit falsch. Notwendigkeit und Freiheit, Zwang und schöpferisches Chaos, Verlässlichkeit und Improvisation gehören zusammen, sollten sich ergänzen und sind dialektisch aufeinander bezogen.

Das Leben hat natürlich seine Zwänge, da beißt die Maus keinen Faden ab. Man muss arbeiten. Man muss zu einer Bindung stehen. Man muss Verpflichtungen eingehen. Man muss Steuern zahlen. Man muss sein Konto in Ordnung halten. Man muss gewisse Aufgaben erfüllen. Man muss sich dem Alter stellen. Man muss Dinge, die man begonnen hat, zu Ende bringen. Genau das hasst der Hysteriker wie der Teufel das Weihwasser. *Alles, was ich mehrmals nacheinander machen muss*, sagte mir einmal empört ein Schauspieler, *das verabscheue ich von Herzen*. Am liebsten hätte er nur Premieren gespielt.

Der verborgene Glaubenssatz des Hysterikers könnte lauten: *Ich bin, weil ich wahrgenommen werde*. Nach dem Autonomen, dem notorischen Helfer und dem Sicherheitsfanatiker nun auch noch ein narzisstischer Selbstdarsteller. So verschieden sind wir Menschen. Drehen wir den affirmativen Einstellungssatz in gewohnter Manier wieder um, so lautet er: *Wenn ich nicht wahrgenommen werde, bin ich nicht*.

Hier konstituiert sich also ein Mensch nur durch den Blick der anderen. Dieser bedeutet ihm alles. Das ist gleichsam sein Schöpfungsakt. Er verhält sich wie der *Eitle* in Saint-Exupérys *Der kleine Prinz*: Als das göttliche Kind vom Planetoiden B 612 auf den Planeten des Eitlen kommt, ruft dieser: *Sieh da, ein Bewunderer!* Der Eitle hat nur einen Wunsch an seinen Besucher, er möge den Hut vor ihm ziehen und ihn bewundern. Der kleine Prinz, gutmütig wie er ist, tut dies. Aber der Eitle kann gar nicht genug bekommen, er fordert ihn immer wieder zur Huldigung auf. Da wird es dem kleinen Prinzen zu langweilig. Er tritt ab.

Für den Hysteriker ist die Welt eine einzige Bühne. Er eilt von Auftritt zu Auftritt. Er biegt sich die Verhältnisse zurecht. Er baut pompöse Kulissen um sich auf und lebt oft in einer Pseudorealität. Er isst Kaviar, aber sein Konto ist chronisch überzogen. Er schmiedet geniale Berufspläne, aber sein Arbeitsplatz ist unsicher. Er beschäftigt seine ganze Umgebung mit grandiosen Projekten, aber sein Auto ist nicht abbezahlt. Mit seinem sanguinischen Temperament, seinen glänzenden oratorischen Fähigkeiten, Suggestionskraft und Verführung macht er das alles glaubhaft. Er oder sie ist ein hedonistischer Lebensphilosoph des sofortigen Genusses, des *carpe diem*. Er ist ungeduldig. Oder er bittet zu Gott: *Schenke mir Geduld, aber sofort!* Er pflückt die Freuden des Tages. Er lebt geschichtslos im Hier und Jetzt. Er ist naiv dem Dasein hingegeben. Er lebt ohne die Kategorie der Zukunft.

Das beinhaltet natürlich auch eine hohe Fähigkeit zum Lebensgenuss. Der Hysteriker ist wie die Grille in der Fabel – sie musiziert und freut sich am Sommer, während die Ameise brav schuftet und ein Winterlager anlegt. Was der Hysteriker nicht liebt, ist

Pünktlichkeit und Zeitplanung. Überhaupt die Zeit, mit ihr steht er auf Kriegsfuß. Hysteriker wollen nicht alt werden. Sie ignorieren die Sanduhr des Lebens. Der männliche Hysteriker ist ein *puer aeternus*, ein *ewiger Jüngling*. Die Hysterikerin geriert sich als ewiges Mädchen mit *Helena-Syndrom*: Noch wenn sie alt ist, sollen Männer um sie Trojanische Kriege führen. Nur: Die Truppen werden immer dünner ... Schönheit ist für die Hysterikerin das Nonplusultra der Existenz. Die Schönheitschirurgen führen hierzulande Millionen Operationen, vor allem an Frauen, durch.

Weil der Hysteriker eine Bühnenexistenz ist, ist er auch nicht dialogisch, sondern *monologisch* angelegt. Der Partner, die Partnerin ist für ihn kein wirkliches Gegenüber, sondern ein Claqueur, eine Applaudantin. Menschen figurieren für ihn nur als Stichwortgeber, Resonanzboden und Publikum. Er ist sprühend, feuert verbale Raketen ab, präpariert sich mit Pointen. Er ist der geborene Unterhalter, eine Witzfabrik, ein Aktivist. Gewandtheit, Charme, Temperament machen ihn zum Salonlöwen und blendenden Entertainer. Er kommt, sieht und siegt. Er ist farbig und lebendig, fantasiereich, verspielt und zugewandt. Langeweile ist für ihn Todsünde.

Das Bedürfnis nach Bestätigung treibt den Hysteriker ruhelos von Bühne zu Bühne. Wichtig sind für ihn Glanz, Titel, Selbstdarstellung, Prestige. Er inszeniert sein Leben als Auftritt, Ekstase, Rausch. Er neigt zur Selbstglorifizierung bis an die Grenze der Hochstapelei. Mit der Wahrheit nimmt er es nicht immer genau, weil er den Knalleffekt und die Überhöhung liebt. Seine und ihre Liebesobjekte sind grundsätzlich nur *Traummänner* und *Traumfrauen*. Er redet andere Menschen an die Wand. Er stilisiert alles zum totalen Erlebnis. Er kann dir, liebe Leserin, lieber Leser, so enthusiastisch und mit faszinierender Spannung von seinen Erlebnissen am Titisee erzählen, dass du dich gar nicht mehr traust, mit deiner lächerlichen Besteigung des Kilimandscharos herauszurücken.

Wird ein Kind mit hysterischem Charakter geboren? Natürlich nicht. Er oder sie wird dazu gemacht. Das kann auf unterschiedliche Weise geschehen. Bei dem einen ist es eine so genannte *Schauspielerfamilie*, wie sie Horst-Eberhard Richter in *Kind, Eltern, Neurose* beschreibt. Es handelt sich nicht um reale Schauspieler, sondern ein inszenierendes Elternpaar. Da macht die Mutter aus jeder Begegnung mit Menschen einen Auftritt. Da ist das Haus erlesen gestylt wie ein Paradestück für die Zeitschrift *Schöner Wohnen*. Da wird gewählt formuliert. Man ist immer geistreich und trendy. Man hat ein postmodernes Outfit. Wenn das Kind in den Augen der Eltern nicht als ein langweiliges Dummchen dastehen will, muss es sich diesem Standard anpassen und das Theater mitspielen. Schon bald inszeniert es auch, fällt um jeden Preis auf, geriert sich exzentrisch und wird dafür von den Eltern bewundert. Seine dunkle Seite, seinen Kummer und seine Minderwertigkeitskomplexe darf es unter keinen Umständen zeigen. Es hat der strahlende Stern am Familienhimmel zu sein. Es übernimmt die Funktion des Sonnenkindes und Vorzeigesprösslings. Solche Sonnenkinder müssen, um ein Wort von Martin Walser zu verwenden, die *Vergnügtheitspflicht* gegenüber den Eltern erfüllen.

Auch dies ist eine Form von emotionalem Missbrauch und Parentifizierung. Die Eltern instrumentalisieren das Kind, um eigene Sehnsüchte leben zu lassen. Oft sind solche inszenierenden Kinder frühreif in ihrem übersensiblen Gespür für die Erwartungen einer Mutter, eines Vaters. Eine Klientin von mir wurde als kleines Mädchen genötigt, Ballettunterricht zu nehmen, weil das dem Narzissmus der Mutter entsprach. Carmen erinnerte sich: *Immer wenn Gäste ins Haus kamen, musste ich mein Tutu anziehen und in diesem grässlichen Fummel vortanzen. Mein*

Gott, habe ich das gehasst! Meine Mutter, die selbst mit ihrem Leben unzufrieden war und nichts Richtiges gelernt hatte, pflegte mich dann zu allem Überfluss noch als „meine kleine Primadonna" und „unser künftiges Genie" anzupreisen. Ich hätte im Boden versinken können vor Scham.

Ein Kind kann sich aber auch unbewusst zur hysterischen Dauerinszenierung „entschließen", um auf sich aufmerksam zu machen. Es ist vielleicht ein *Schattenkind*, das in der Familie nicht richtig wahrgenommen wird. Vielleicht ist es äußerlich nicht so attraktiv wie die anderen Geschwister. Vielleicht ist es auch ein *Sandwichkind*, eingeklemmt zwischen das attraktive Erstgeborene und das geliebte Jüngste. Dann spielt es den Clown in der Familie und in der Klasse oder es inszeniert Haschischkonsum oder Kaufhausdiebstähle. Es zwingt die Umgebung dazu, es wahrzunehmen.

Robert, heute ein gestandener Studienrat, bärtig und wohlbeleibt, gestand mir: *Wir waren drei Kinder. Mein ältester Bruder hat ein Down-Syndrom. Er ist ein schrecklich lieber Kerl, und ich besuche ihn heute noch zwei bis drei Mal wöchentlich in seiner Wohngemeinschaft, stecke ihm Taschengeld zu und knuddele ihn von ganzem Herzen. Aber als ich klein war, zog er achtzig Prozent der*

Aufmerksamkeit und Fürsorge auf sich. Was hätten meine Eltern anderes tun sollen? Das ist mir auch klar. Aber es hat weh getan. Meine ältere Schwester, die in der Konstellation direkt nach ihm kam, übernahm die Rolle einer Assistentin meiner Mutter. Sie war die perfekte Helferin und ist es heute noch. Ich empfand meine Position als Aschenputtelrolle. Ich war abwechselnd traurig und wütend. Ich habe fast die ganze Schulzeit bis auf die allerletzten Vorabiturjahre nur Schulschwierigkeiten gemacht, bin drei Mal sitzen geblieben und bin ein Mal von der Schule geflogen: Weil ich einem verhassten Mitschüler Zucker in den Tank seines Mopeds geschüttet hatte. Auch sonst habe ich nur Unfug angestellt. Ich musste zum Beispiel als Vierzehnjähriger mit einer Alkoholvergiftung ins Krankenhaus eingeliefert werden. Heute ist mir klar, dass ich mit dem ganzen Theater die Aufmerksamkeit meiner Eltern kriegen wollte. Lieber sie schimpften mit mir, als dass sie mich links liegen ließen.

Der Hysteriker, die Hysterikerin ist eine Schauspielerexistenz. Er kann in der Liebe Menschen vom ersten Blick an begeistern, zum Taumel hinreißen. Aber er ist bindungsschwach. Er fliegt wie ein Schmetterling von Blüte zu Blüte. Er liebt den erotischen Neuanfang, nicht die Durststrecke in der Beziehung. Er ist der geborene männliche oder weibliche Don Juan. Er oder sie hinterlässt erotische Massengräber. Sein Element ist das Bacchantische und Dionysische wie beim Sanguiniker in der Typologie Galens. Der hysterische Mensch ist fasziniert von der Liebe. Er vermag sie zur Ekstase und Rausch zu steigern. Er verfügt über Erlebnisintensitäten, von denen der Normalbürger nur träumen kann. Er ist leidenschaftlich. Er ist ein Meister der Erotik und vermag eine laszive Atmosphäre herbeizuzaubern. Aber er ist dabei wie ein Pfau, der sein Gefieder spreizt. Er liebt mehr um der Liebe als um des Partners willen.

Kann denn Liebe Sünde sein, flüstert der Hysteriker. Er ist ein Virtuose des erotischen Augenblicks. In der Sexualität lassen sich Hysteriker von keinem übertreffen. Sie zelebrieren den Sex. Sie sind grenzüberschreitend, kühn und fantastisch. Wo der Schizoide und der Zwanghafte in der Sexualität Bier ausschenken, da gibt es beim Hysteriker prickelnden Champagner. Auch und gerade in der Sexualität sucht der hysterische Narziss Bestätigung. *Wie war ich?* fragt er danach. Oder auch: *Meine Frau und ich bewundern mich maßlos.*

Mit wirklicher Nähe hingegen haben Hysteriker ihre Schwierigkeiten. Sie können durchaus mit dem Partner ekstatisch verschmelzen, aber die Nähe wird ihnen schnell lästig. Sie hindert sie daran, neue Eroberungen zu machen. Weil der Hysteriker, der auf seine körperliche Attraktivität fixiert ist, letztlich nur in einer Pirouette um sich selbst kreist und niemanden sonst zum Gegenstand seines Interesses machen kann, bleibt er bei allem blendenden Feuerwerk letztlich allein. Er wird von Eifersucht und Neid geplagt, sobald ihm jemand die Show stiehlt. Er ist letztlich der Kaiser ohne Kleider.

Schneewittchens Mutter, die Königin, ist so eine Hysterikerin. *Spieglein, Spieglein an der Wand, wer ist die Schönste im ganzen Land,* fragt sie unablässig. Sie kann die schönere Tochter an ihrer Seite nicht dulden. Sie muss ihr buchstäblich den Atem nehmen, muss, wie ich in meinem Buch *Schneewittchen. Der Mutter-Tochter-Konflikt* dargestellt habe, sie seelisch vergiften und strangulieren, bis die arme junge Frau endlich im Glassarg ihres ungelebten Lebens liegt.

In der gleichen Märchendeutung beschreibe ich auch ausführlich die Schauspielerin und Sängerin Marlene Dietrich – über deren künstlerischen und politischen Rang kein Zweifel besteht – und die Inszenierung ihres hysterischen Charakters gegenüber der Tochter Maria, den Männern und der restlichen Welt. Man könnte die Dietrich als hysterischzwanghaft bezeichnen. Zwanghaft war sie in ihrem hohen beruflichen Pflichtbewusstsein und ihrer Zuverlässigkeit. Voller preußischer Disziplin rackerte sie auf Proben, auf der Bühne und im Filmstudio. Sie verzieh sich nicht die kleinste Nachlässigkeit bei Gesang, Kostüm und Spiel. Mit ihren Honoraren fütterte sie jedoch zuverlässig ein Leben lang ihre Großfamilie durch.

Marlene Dietrichs hysterischer Strukturanteil äußerte sich in ihrer geradezu suchtartigen Versessenheit auf Beifall, Bewunderung und Glamour. Noch mit fünfundsiebzig Jahren spielte sie bei ihrem letzten Bühnenauftritt den vollendeten Vamp. Sie konnte es nicht lassen. Unter ihrem aufreizenden hautengen Kostüm trug sie Stützstrümpfe und Inkontinenzunterhosen. Dass sie längst alkoholkrank war, einmal betrunken in den Bühnengraben fiel und ohne Promille keinen Auftritt mehr zu absolvieren vermochte, musste dem Publikum natürlich um jeden Preis verschwiegen werden.

Der Hysteriker zeigt, wie manche aufgemotzte Häuser, eine Blendfassade. Seine Angst ist viel zu groß, dass ihn Menschen, wenn er sich in seiner Bedürftigkeit und Nacktheit zeigte, ablehnen würden.

Als Marlene Dietrich ihr Alter nicht länger verbergen konnte, verschwand sie fluchtartig in ihrem Appartement an der Pariser Place Athénée. Sie ließ sich bis zu ihrem Tod mit über neunzig Jahren nicht mehr ein einziges Mal fotografieren. Die Hysterikerin will auf Gedeih und Verderb ihr Image aufrechterhalten. Sie, die in ihrer Zwanghaftigkeit den Schmutz gehasst hatte und in jedem Hotel als Erstes die Toilette desinfizierte, starb verwahrlost, von Whiskeyflaschen umgeben, mit schlecht gefärbten Haarzotteln, nicht operiertem grauen Star und verfallenem Gebiss im eingekoteten Bett.

Der Hysteriker ist wie die britische Märchenfigur *Peter Pan* – der Junge will einfach nicht erwachsen werden. Er neigt dazu, sich durch die Realität zu mogeln. Er hält Projekte nicht durch und wechselt häufig seine Stellen. Wenn der Erfolg sich nicht im Augenblick einstellt, kratzt er die Kurve. Wo der Depressive im Arbeitsleben die Firma mit einer Familie verwechselt, bei Arbeitskonflikten unangemessen wie ein Hund leidet und viel zu viel Herzblut investiert, betrachtet der Hysteriker den Job als eine Art Entertainment. Statt Steherqualitäten zu beweisen, die Ausbildung zu beenden und im Beruf Sturmzeiten durchzuhalten, setzt er lieber auf Charme und Nettigkeit. Die Menschen müssen ihn einfach mögen und werden ihm alles verzeihen.

Hysteriker sind in ihrer Logik schrill und unsachlich. Sie verfügen über eine hohe Fähigkeit, sich zu behaupten. Es geht ihnen in erster Linie um die eigene Person, nicht um die Sache. Sie sind in Krisensituationen labil, dafür im Alltag bewegt und bewegend. Sie stecken voller Improvisation und Überraschungen. Im Urlaub lieben sie die Fahrt ins Blaue. Sie suchen Orte und *locations* auf, in denen das Abenteuer lockt, wo viele Menschen sind und wo man sich zeigen kann. Unentwegt sind sie auf Eroberungen aus. Zumindest brauchen sie das Gefühl, sie könnten jeden Mann, jede Frau kriegen, den/die sie wollen. Riemann: *Der hysterische Mensch liebt die Liebe. Er liebt sie wie alles, was ihn in seinem Selbstwertgefühl zu steigern vermag: den Rausch, die Ekstase, die Leidenschaft; er steigert sich in Höhepunkte des Lebens.* Und: *Grenzüberschreitendes Erleben zieht ihn an, aber nicht wie beim Depressiven als Ich-Aufgabe, sondern bei ihm in der Ich-Weitung, gleichsam in der Apotheose* (Verklärung – M. J.) *des Ichs.*

Problematisch ist es natürlich für den Hysteriker, wenn die feuerspeiende Lava seines Temperaments erkaltet und zum grauen Magma wird. Hysteriker können, wie uns das wieder und wieder der große Schauspieler und Alkoholkranke Harald Juhnke tragisch vorgeführt hat, schauerlich abstürzen. Das ist die problematische Seite dieses unsteten Charakters.

Wir dürfen jedoch keinen Augenblick vergessen, was für mitreißende und fesselnde Persönlichkeiten Hysteriker sein können. Wie die Welt ohne Schizoide weniger kompetent, ohne Depressive weniger warm, ohne Zwanghafte weniger sicher wäre, so verlöre sie ohne Menschen mit hysterischen Anteilen ihre Farbigkeit und Überraschungsqualität. Ein Mensch, der keinerlei hysterische Anteile hat, ist meist trocken wie ein Löschpapier. Der Zwanghafte hat sozusagen nur Wurzeln, der Hysteriker nur Flügel. Ideal wäre eine Kombination von beidem.

Als ich vor vielen Jahren das Düsseldorfer Männerbüro leitete, erschien Felix auf der männerbewegten Szene. Er war ein etwa dreißigjähriger Werbefachmann, blendend aussehend, temperamentvoll wie ein Derwisch, eitel, kokett, spielerisch, kurz, ein Hysteriker wie aus Riemanns Lehrbuch. Er mischte die Männergruppe heftig auf. Felix bekam aber oft verbale Prügel, weil er mit seinem herrlich lockeren Mundwerk sich natürlich auch exihibitionierte und Blößen gab. Eines Tages hatten wir als Thema die trostlose Unterwäsche vieler deutscher Männer. Damals bevorzugte die Mehrheit noch immer anstelle bunter Slips das weißgerippte Modell *Karl-Heinz*. Das ließ Felix nicht auf sich sitzen. *Ich trage einen Body*, rief er entrüstet. Er entkleidete sich in Sekundenschnelle und stand in einem pinkfarbenen, hautengen Body vor uns. Die Anatomie zeichnete sich auf das Lieblichste ab.

Wiederholt beschimpfte der hysterische Felix seine Freundin, eine Steuerberatergehilfin, als graue Maus, als sture Beamtenseele und als zwanghafte Pedantin. Schließlich fragte ich ihn, warum er die Beziehung nicht beende. Felix schaute mich empört an. *Niemals!* rief er. *Warum?* fragte ich. Felix: *Weil sie mich immer auf den Boden der Tatsachen zurückbringt.*

Die Gruppe lachte. Sie lachte noch mehr bei Felix' zweiter Auskunft. Ich fragte ihn nämlich hartnäckig: *Warum beendet deine Freundin nicht die Beziehung mit dir?* Felix: *Niemals.* Ich: *Warum?* Felix: *Sie sagt immer: „Du bist ja eine einzige Katastrophe. Aber ohne dich würde ich sterben vor Langeweile."*

Inzwischen nimmt der neue mediale Leittypus des *Histrio* (der männliche Schauspieler im alten Rom) Gestalt an. Der Medienwissenschaftler Peter Winterhoff-Spurk charakterisiert den Histrionen in seiner Studie *Kalte Herzen. Wie das Fernsehen unseren Charakter formt* (2005) als neuen Sozialcharakter: *egozentrisch, oberflächlich, intuitiv, wenig strukturiert und impressionistisch. Dadurch fehlt ihm häufig ein systematisches und strukturiertes Faktenwissen. Er kann sich nicht lange konzentrieren und lebt stark im Hier-und-jetzt.* Der Histrione lebt von der Inszenierung nach Art der RTL-Show „Deutschland sucht den Superstar". Rund 20 000 kleine „instant stars" produzieren und outen sich jährlich in den Rambo-Talkshows des „Unterschichtfernsehens" (Harald Schmidt).

Histrionische, also hysterische Denkmuster dieses modernen, durch die tägliche Fernsehberieselung produzierten Phänotyps trimmen sich auf billige äußere Effekte. Winterhoff-Spurk: *Die Männer bilden in Bodybuilding-Studios ihren Körper betont maskulin aus, vor allem Oberarme werden vergrößert. Anschließend steigen sie in das mit Heckspoiler, extrabreiten Reifen, tiefergelegtem Fahrwerk, Chromauspuff und einer bassbetonten Lautsprecheranlage aufgerüstete Auto… Ihre Freundinnen zeichnen sich durch eine lautstarke Sexualisierung des Auftritts aus. Der Körper wird auch dann gezeigt, wenn er besser verhüllt werden sollte, er wird bunt tätowiert und reichhaltig gepierct.* Lifestyle und TV-Szene wie das „Dschungelcamp" bedingen sich wechselseitig. Winterhoff-Spurk: *Das Selbstverwirklichungsmilieu und das Unterhaltungsmilieu sind auch die Laichplätze des Histrionen.*

Den betörenden Reiz eines hysterischen, lieblichen Menschenkindes von göttlicher Hermes-Qualität hat Thomas Mann in seinem Hochstaplerroman *Felix Krull* in zärtlicher Altersironie ins Bild gerückt. *Mehr scheinen als sein* ist das Motto, das Felix Krull zu seinem glitzernden Leben antreibt. Schon seine Familie ist mit dem doppelten Boden ihrer brüchigen Existenz eine „Schauspielerfamilie". Der Vater produziert einen verfälschten „Schaumwein" und endet im Bankrott und Suizid. Der so genannte Herrensitz am Rhein ist eine einzige Imitation, der *abfallende Garten freigebig mit Zwergen, Pilzen und allerlei täuschend nachgeahmtem Getier aus Steingut geschmückt.*

Die Eltern, die glänzende Einladungen geben und das Idyll einer Ehe vorspielen, sind in Wahrheit zerstritten. Felix Krull lernt von ihnen die Kunst der Verstellung. Sie steigert sich in der unnachahmlichen Musterungsszene mit ihren körperlichen Gewittern von Spasmen zur höchsten Artistik. Der hysterische *coup de foudre,* der Blitzschlag der schauspielerischen Erleuchtung, trifft den jungen Krull, als er den Glanztenor und Bühnen-Don-Juan Müller-Rose nach einem seiner bejubelten Theaterauftritte in der Garderobe halb nackt erblickt. Die Haut Müller-Roses starrt von eitrigen Ausschlägen und Pickeln – der Lebenskünstler hat sie mit prachtvollen Kostümen und Schminke kaschiert und so seine Körperlichkeit zum Traum erhoben.

Felix Krull entdeckt in dieser Stunde die Lebenschance seiner bislang abitur- und glücklosen Existenz: *Frage dich, was den abgeschmackten Witzbold trieb, diese abendliche Verklärung seiner Selbst zu erlernen! Frage dich nach dem geheimen Ursprung des Gefälligkeitszaubers, der vorhin seinen Körper durchdrang und beherrschte! Um dir antworten zu können, brauchst du dich nur zu erinnern (denn du weißt es gar wohl), welche unnennbare, mit Worten nicht ungeheuerlich süß genug zu bezeichnende Macht es ist, die den Glühwurm das Leuchten lehrt.*

Mundus vult decipi, so viel weiß Krull aus seinen dürftigen Lateinkenntnissen, *die Welt will betrogen sein*. Warum es nicht dem Glühwürmchen gleichtun und mit Licht blenden? Über die Zwischenstation Straßburg bricht er auf in das große Leben, in das sündige Babylon Paris. In Straßburg verdingt er sich zunächst als Liftboy. Die Gäste finden rasch Wohlgefallen an dem hübschen Jungen. Anmut und Wortzauber sind sein Kapital. Er ist von superber Schönheit – im Film hat ihn der junge Horst Buchholz mit unvergesslichem Schmelz verkörpert. Krull beraubt Madame Houpflé, die Gattin eines reichen Klosettschüssel-Fabrikanten, ihrer Juwelen und begegnet der üppigen Liebhaberin jungen Fleisches wenig später wieder – als hübsch livrierter Boy in einem Pariser Grandhotel. Madame Houpflé ergötzt sich an dem betörend sexy Krull und seinen charmanten Mogeleien. Dass er ihr den Schmuckdiebstahl gesteht, erhöht noch ihre orgasmischen Wonnen. Ist ihr schöner Bettschatz nicht ein wahrer Hermes, ein göttlicher Dieb? Endlich Gefahr und Abenteuer in ihrem von Langeweile gemästeten Leben!

Unseren göttlichen Hermes hält es indes nicht lange in der französischen Metropole. Von mehreren Seiten werden ihm Avancen gemacht. Ein schwuler alter Lord will ihn auf sein englisches Schloss entführen, der süße Bube hat es ihm angetan. Aber Krull entscheidet sich, ein nicht ungefährliches, aber aufregendes, großartig verrücktes Angebot des jungen Marquis von Venosta anzunehmen. Er soll an seiner Stelle eine Weltreise antreten. Zu dieser haben den leichtsinnigen Marquis nämlich dessen Eltern verurteilt, damit er seine unstandesgemäße Liaison mit

Zaza, einer jungen Pariserin, „type grisette", vergesse. Der Marquis zieht es jedoch vor, weiterhin das Bett mit seiner Geliebten zu teilen. Er stattet Krull mit einem generösen Kreditbrief und Empfehlungen an die aristokratische Verwandtschaft rund um den Erdball aus, nicht ohne ihm einzuschärfen, von allen Reisestationen unbedingt Erlebnisberichte an die Eltern Venosa, à „mes pauvres parents", zu schreiben...

Krull hochstapelt sich souverän durch alle Situationen. Er konversiert im Nachtzug nach Lissabon mit dem gelehrten Paläontologen Professor Kuckuck über die Entstehung des organischen Lebens im Weltall und die kosmische Position des Menschen. Er parliert mit dem portugiesischen König. Er gewinnt am Ende mit seinem geschliffenen Benehmen, seinem prickelnden Sexappeal und der Brillanz seiner Sprache das Herz von Professor Kuckucks pubertierender Tochter Zouzou und dessen reifer Gattin gleichermaßen.

Das Glück ist mit den Hysterikern. Krulls vorläufige Laufbahn, die der geistreiche Dichter auf Grund seines hohen Alters nicht mehr weiter zu verfolgen vermochte, endet einstweilen am *königlichen Busen* von Frau Professor Kuckuck.

Ob Thomas Mann seinen lieblichen Diebesgott noch von seiner hysterischen Unseriosität erlöst und ihn auf behagliche Pfründe und in Rente gesetzt hätte? Wir wissen es nicht. Richtig ist, dass der Hysteriker sich von den manischen Seiten seiner getriebenen Existenz nicht erlösen kann, solange er um deren Erlösungsbedürftigkeit gar nicht weiß.

Hysteriker halten die Welt für ein Schauspielhaus, das einzig und allein für ihre Privatvorstellung eingerichtet wurde. Dass hinter dem Glanz auch Elend steckt, muss der Hysteriker erst begreifen, nötigenfalls unter Leidensdruck. C. G. Jung sagt einmal (Werke XI, S. 83): *Wenn eine Minderwertigkeit bewusst ist, hat man immer die Chance, sie zu korrigieren.* Andererseits ist der Hysteriker aber auch, wie Riemann betont, *risikofreudig, unternehmungslustig, immer bereit, sich Neuem zuzuwenden; er ist elastisch, plastisch, lebendig, oft sprühend und mitreißend, lebhaft und spontan, gern improvisierend, ausprobierend ... Er bringt alles in Bewegung, rüttelt an Traditionen und veralteten, erstarrten Dogmen und hat etwas bezwingend Suggestives, viel Charme, den er bewusst einzusetzen weiß ... So kann er eigenwillig und wagemutig das Leben wie ein buntes Abenteuer sehen, und der Sinn des Lebens liegt für ihn darin, es möglichst reich, intensiv und füllig zu leben.*

Das ist nicht eben wenig. Wie die drei anderen Charaktere, verfügt auch der Hysteriker über reiche Aktivposten. Für jede lebendige Charakterbildung gilt das, was Nietzsche (in *Nachlass-Fragmente*) festhält:

Welche Naivität ist es überhaupt zu sagen, „so und so s o l l t e der Mensch sein!" Die Wirklichkeit zeigt uns einen entzückenden Reichtum der Typen, die Üppigkeit eines verschwenderischen Formenspiels und Wechsels: Und irgendein armseliger Eckensteher von Moralität sagt dazu: „Nein! Der Mensch sollte a n d e r s sein"? ... Er weiß es sogar, w i e er sein sollte, dieser Schlucker und Mucker; er malt sich an die Wand und sagt dazu „ecce homo"! (sehet, welch ein Mensch – M. J.)

Verändern, aber wie?

> *Ein schmerzloses Heranreifen*
> *der menschlichen Charaktere*
> *kann es so wenig geben*
> *wie eine schmerzlose Geburt.*
>   Fritz Künkel
>   Einführung in die Charakterkunde

Alle Charakterbeschreibungen klingen einfacher, als der Charakter in Wirklichkeit ist. In der Realität des menschlichen Lebens ist er ungleich vielschichtiger, verborgener und widersprüchlicher. Im Rahmen zwischenmenschlicher Beziehungen ist überdies jeder Charakter dem Gesetz von *actio* und *reactio* unterworfen. Er geht, wie wir gerade beim hysterischen Felix und seiner zwanghaften Freundin sahen, seltsamste Verbindungen ein. Jeder Mensch ist letztendlich ein *compositum mixtum,* eine Mischung aus unterschiedlichen, oft widersprüchlichen Elementen. Darüber hinaus ändert sich der leib-seelische Chemismus des Menschen ständig. Er ist heute nicht mehr, was er gestern, und morgen nicht mehr, was er heute war.

Der erfahrene Seelenarzt Freud urteilte 1915 (in *Einige Charaktertypen aus der psychoanalytischen Arbeit*): *Was sich der Bemühung des Arztes widersetzt, sind nicht immer die Charakterzüge, zu denen sich der Kranke bekennt und die ihm von seiner Umgebung zugesprochen werden. Oft zeigen sich Eigenschaften des Kranken bis zu ungeahnten Intensitäten gesteigert, von denen er nur ein bescheidenes Maß zu besitzen schien, oder es kommen Einstellungen bei ihm zum Vorschein, die sich in anderen Beziehungen des Lebens nicht verraten hatten.*

Kann man seinen Charakter vollständig ändern? Wohl kaum. *Ein Esel,* sagt das chinesische Sprichwort, *kann selbst im Tigerfell niemanden täuschen.* Kann ich meinen Charakter überhaupt nicht ändern? Doch. Alles andere widerspräche jeder menschlichen Erfahrung.

Das Beharrungsvermögen und das Trägheitsprinzip des Charakters ist zweifellos frappant. Manchmal ist es sogar deprimierend. Deshalb ist ja auch die Arbeit am Charakter so anspruchsvoll und mühsam. Eine Neuseeländische Langzeitstudie an 1037 Kindern der Stadt Dunedin vom dritten bis zum 21. Lebensjahr ergab abschließend im Jahr 2000 Folgendes: Mit drei Jahren ist der Mensch schon charakterlich fertig. Ab da folgt er mit seiner Lebenskurve einem inneren Programm. Die Forscher fanden unter den Kleinkindern drei charakterliche Gruppen: die gut angepassten, die unkontrollierten und die gehemmten Kinder.

Die *gut angepassten* Dreikäsehochs waren selbstbewusst, hatten sich unter Kontrolle und reagierten gelassen auf neue Personen und Situationen. Mädchen und Jungen hielten sich in dieser Gruppe die Waage. Die *unkontrollierten* Kinder waren labil, leicht abzulenken, impulsiv, rastlos und besaßen eine negative Grundeinstellung. 60% von ihnen waren Jungen. Die *gehemmten* Kinder waren ängstlich, schüchtern und zurückhaltend. 60% von ihnen waren Mädchen.

Im Alter von 18 Jahren beschrieben sich die *Unkontrollierten* in einer freiwilligen Selbstcharakteristik als impulsiv, leichtsinnig und rücksichtslos, unbequem und mit Freude an aufregenden und gefährlichen Situationen. Sie gaben an, sie fühlten sich oft getäuscht und schlecht behandelt. Die *Gehemmten* charakterisierten sich als altruistisch, aggressionsgehemmt, unterwürfig und vorsichtig. Die *gut Angepassten* empfanden sich als normale, durchschnittliche junge Erwachsene.

Drei Jahre später wurden die Mitglieder der drei Charakter- und Verhaltensgruppen erneut einer Bewertung unterzogen, diesmal von Außenstehenden: Beschrieben wurden die *Unkontrollierten* als kaum vertrauenswürdig, die meisten *Gehemmten* als introvertiert, kaum beliebt und wenig selbstbewusst, die *gut Angepassten* als angenehme Menschen.

Die Paarbeziehungen der *Unkontrollierten* erwiesen sich mit signifikanter Häufung als konfliktreich; Intimität, Machtbalance und Vertrauen waren defizitär. Den *Gehemmten* fehlten Freunde, gemeinsame Interessen mit anderen und ein verlässliches soziales Netz. *Unkontrollierte* und *Gehemmte* hatten bis zum Alter von 21 mehr Suizidversuche unternommen als die *gut Angepassten*. *Unkontrollierte* hatten deutlich mehr Alkoholprobleme als die beiden anderen Gruppen. *Unkontrollierte* und *gehemmte* Testpersonen hatten die Schule früher verlassen als die *gut Angepassten*. Die *Unkontrollierten* wurden in höherer Anzahl arbeitslos und auch straffällig.

Avshalom Caspi, Professor für Psychologie an der University of London, zog das Fazit: *Die Persönlichkeit bleibt von der Kindheit bis ins Erwachsenenalter konstant.* Eine Änderung und Entwicklung des Charakters ist also erst im Erwachsenenalter angesagt, sie ist sozusagen ein Gesellenstück des reifen Bewusstseins.

Wir alle gehen durch die Schule des Lebens. Wir werden zum Beispiel im Alter gelassener, gütiger, wohlwollender. Wir gewöhnen uns Unarten ab oder, genauer gesagt, die Umgebung gewöhnt sie uns ab. Wir lassen Kleinkariertheiten hinter uns und werden großzügiger. Wir werfen eine bittere, depressive Lebensgestimmtheit über Bord. Wir öffnen uns für Gefühle und zerbrechen den alten Panzer wie *Hans mein Igel* im Grimm'schen Märchen. Wir werden selbstständiger wie *Hänsel und Gretel*. Wir lernen die konstruktive Aggression wie die zickige Prinzessin, die den depressiv-erpresserischen Froschkönig an die Wand schmettert und auch ihn damit schließlich befreit. Wir Männer gewinnen wie der goldblonde zarte Königssohn im Märchen *Eisenhans* unseren *animus*, die starke männliche Seele. Die *Blaubart-Frau* wirft das Joch ehelicher Unterdrückung und Selbstverdummung ab. *Schneewittchen* spuckt den giftigen Apfel aus und verlässt den Glassarg ihrer seelischen Todesstarre, in den sie sich hat pferchen lassen.

Kurz, alle Märchen berichten von einer Zeit, *als das Wünschen noch geholfen hat,* in der der unerfahrene Held den Kampf mit dem Drachen aufnahm und die junge Heldin klug alle Fragen beantwortete, und als beide am Ende König und Königin, also souveräne Charaktere, wurden. Märchen stellen auf ihre packende, symbolische Weise die erfolgreiche Arbeit am Charakter dar. Sie halten sich gleichsam an Goethes Wort in seinen *Maximen und Reflexionen*: *Das höchste Glück ist das, welches unsere Mängel verbessert und unsere Fehler ausgleicht.*

Die Frage *Kann ich meinen Charakter verändern?* ist also akademisch. Ich habe ihn immer schon verändert, an ihm gefeilt, korrigiert, alte Züge getilgt, neue hinzugefügt. Fritz Künkel beschreibt dieses lebenslange Werkstück (in *Einführung in die Charakterkunde*) in all seiner Mühsal und Schöpferfreude: *Sind die Wunden aus der ersten großen Schlacht des Lebens, deren Schauplatz immer die Kinderstube ist, einigermaßen verheilt, so kommt die Schule und bringt neue Katastrophen, neue Wunden und neuen Schmerz. Hat man sich in der Schule zurechtgefunden, so kommt die Geschlechtsreife, und ganz neue Aufgaben machen noch einmal ein ganz neues Weltbild nötig. Hat man dem anderen Geschlecht gegenüber eine brauchbare Einstellung gefunden, so kommt der Eintritt in den Beruf, und wieder fängt ein neues Leben an. Dann kommt die Ehe, dann die Elternschaft, dann das Altern und schließlich der Tod ... Das Leben ist ein Stirb und Werde ohne Ende.* Künkel schlussfolgert: *Immer weitere Kreise der Welt tun sich auf und machen ein immer neues Umschmelzen aller Erlebnisse und ein Umlernen aller Erfahrungen nötig.*

Über die Möglichkeit, den Charakter zu beeinflussen, gibt es beim Phänomen der Zwillinge Spannendes zu entdecken. Aus der Zwillingsforschung hat man lange Zeit falsche Schlüsse gezogen. Man meinte nachweisen zu können, dass die genetische Grundausstattung von Zwillingen so dominierend sei, dass sie, selbst wenn sie bei verschiedenen Pflegeeltern in verschiedenen Sprachen und verschiedenen Kontinenten aufwüchsen, charakterlich identisch blieben und wie ein Ei dem anderen gleichten. Tatsächlich wurde die identitätsstiftende Bedeutsamkeit genetischer Faktoren belegt – es ist aber zu beachten, dass Zwillinge sehr oft von ihren stolzen Eltern in ihrer Ausbildung und Kleidung auf Gleichheit getrimmt werden.

Angeblich besteht zwischen Zwillingen gesetzmäßig und unabänderlich eine leib-seelische Duplizität. Wie vage diese Hypothese ist, konnte ich an dem eineiigen Zwillingspaar Gaby und Gisela selbst feststellen. Gaby, die in einer konventionellen Ehe in Süddeutschland lebte und als Sekretärin arbeitete, ernährte sich ungesund mit viel Fabrikzucker, Auszugsmehlprodukten, industriellen Fetten und viel Kaffee. Sie kompensierte ihre Eheprobleme mit einer Esssucht. Sie war übergewichtig, von depressivem Charaktertyp, inaktiv und in ihrem Bindungsverhalten an den ungeliebten Mann symbiotisch-klebrig.

Gisela war genau das Gegenteil. Sie lebte in einer Frauenwohngemeinschaft in Berlin. Sie ernährte sich vollwertig, war rank und schlank. Sie arbeitete als Assistenzärztin. Sie war forsch, eher schizoid, hochaktiv. Sie kleidete sich, im Unterschied zur matronenhaften Gaby, weiblich und sexy.

Die verschiedenen Lebensumstände hatten also Gaby und Gisela deutlich unterschiedliche Entwicklungen nehmen lassen. In einer meiner Selbsterfahrungsgruppen trafen sich die Zwillingsschwestern wieder und beendeten mit Verzeihen und Versöhnen bravourös einen lang schwelenden Geschwisterstreit.

In Erich Kästners Zwillingsroman *Das doppelte Lottchen* ist Luise, die bei ihrem Vater, einem angebeteten Stardirigenten, in Wien lebt, extravertiert, kess, verwöhnt. Lotte dagegen, die als „Hausmütterchen" ihre vereinsamte Mutter, Bildredakteurin in München, betreut, introvertiert, schüchtern und penibel. Selbst die Handschriften der Zwillinge sind verschieden, hier wild und schlampig, dort klein und akkurat. Monozygotische, also eineiige, Zwillinge haben zwar dasselbe Geschlecht, dieselbe Blutgruppe, Augen- und Haarfarbe, denselben Körperbau und dasselbe genetische Erbe, aber sie haben praktisch nie denselben Charakter. Wenn sie allerdings von den Eltern, etwa durch gleiche „niedliche" Kleidchen, zu „Klonen" designt werden, tun sie sich in ihrer Individuation und Differenzierung schwerer.

Die *Baustelle Ich* bleibt offen, solange wir nicht seelisch erstarren und sie nicht selbst schließen. Auch Erwachsene können noch an ihrem Charakter feilen, wenn sie es wirklich wollen. Das Magazin *FOCUS* (46/2003) belegte dies zu meiner Verblüffung genau an einem Beispiel von Zwillingen. Michael und Klaus, dreiundvierzig Jahre alt und eineiige Zwillinge, lebten bis vor zehn Jahren in der beschaulichen Kleinstadt Rotenburg an der Wümme. Sie glichen sich nicht nur hinsichtlich ihres Aussehens und Lebenslaufs, sondern auch in wesentlichen Charakterzügen. Beide studierten Sozialpädagogik. Dann änderte Michael sein Umfeld und zog nach Hamburg, Klaus blieb in der Provinz. Michael resümiert heute: *Über Jahre haben wir uns kaum gesprochen. In die-*

ser Zeit hat mich die Stadt geöffnet. Ich bin eindeutig der Offenere von uns beiden. Ich bin heute oftmals entspannter. Mein Bruder ist noch heute sehr viel zurückhaltender und um Etikette bemüht, obwohl er seit einem Jahr ebenfalls in Hamburg wohnt.

Gene und selbst weitgehend identische, frühkindliche Erfahrungen legen also eine Persönlichkeit nicht auf alle Zeit fest. Im Falle von Klaus und Michael entwickelten sich die Charaktere beider mit Anfang dreißig deutlich auseinander. Michael: *Das zeigt sich auch bei Kleinigkeiten – mein Bruder hat im Gegensatz zu mir das Rauchen noch nicht aufgegeben, ist vielleicht deswegen zwei Kilo leichter und sieht etwas markiger aus.*

Viele „öffentliche" Lebensläufe in Politik und Showbiz lassen sich nur mit tiefgreifenden Charakterveränderungen erklären. Von der Gruppe *Revolutionärer Kampf* bis ins Außenministerium – die Persönlichkeitswandlungen Joschka Fischers reichen für zwei Leben. Ein Karl Heinz Böhm entwickelte sich vom Filmgemahl der Kaiserin Sissi zu einem Humanisten der Afrikahilfe. Eine Filmschönheit der Fünfzigerjahre wie Marianne Koch arbeitete später als Internistin Dr. med. Koch. Ein glühender Antikommunist und Frontstadtpolitiker wie Willy

Brandt wandelte sich zum Politiker der Ost-West-Versöhnung und wurde Friedensnobelpreisträger. Aus dem Schlagersternchen Conny Froboess *(Pack die Badehose ein)* wurde eine der bedeutendsten Schauspielerinnen Deutschlands im ernsten Fach.

Die menschliche Persönlichkeit ist eben nicht in Stein gemeißelt. Die amerikanischen Psychologen Brent Roberts und Wendy DelVecchio untersuchten 152 Langschnittstudien, an denen mehr als 35000 Personen teilgenommen hatten. Sie kamen zu dem Ergebnis: Nicht mit etwa dreißig Jahren schließen wir unsere Persönlichkeitsentwicklung ab, sondern erst mit fünfzig verfestigen sich die Charakterzüge. Mit zunehmendem Alter werden Menschen emotional stabiler, zuverlässiger und umgänglicher, allerdings nimmt ihre Offenheit für neue Erfahrungen langsam ab. Ein Schüchterner muss dennoch nicht immer schüchtern bleiben. Die Psychologen zeigten, dass die Hälfte der Menschen ihr Persönlichkeitsprofil im Laufe ihres Lebens deutlich veränderten. Wenn sich die anderen fünfzig Prozent der Menschen nicht verändern wollen, bedeutet das nicht, dass sie es nicht könnten. Sie wollen es nur nicht, weil sie entweder mit sich zufrieden sind oder weil sie die Veränderung scheuen.

Die Gene schreiben also nicht einfach das Drehbuch fürs Leben. Wie verändert sich nun der Charakter? Fast immer ist es ein konkreter Anlass, der uns den Anstoß zur Veränderung gibt. Wir erkennen: So geht es nicht weiter.

Entscheidend ist bei der Arbeit am Charakter eine starke Eigenmotivation. Es ist praktisch unmöglich, jemanden gegen seinen Willen zu verändern. Für eine Charakteränderung ist oft die Position der Exzentrizität fruchtbar. Man zieht in eine andere Stadt um. Man nimmt einen Berufswechsel vor. Man verlässt eine alte Partnerschaft. Plötzlich sieht man sich selbst über die Schulter und sieht sich kritisch. Man erkennt, was lebensgeschichtlich längst nicht mehr zu einem passt. Man löst sich, mit Trauer oder in Wut, von nicht mehr Lebbarem ab. Man realisiert wieder den *Möglichkeitssinn* (Robert Musil) – den Blick dafür, was an neuen Lebensoptionen, an Hobbys, neuen Freunden, neuen Interessen, neuem Körper- und Gesundheitsbewusstsein und lebensphilosophischer Orientierung möglich ist.

Wenn man sich ändern will, geht das einfacher in einem neuen Kontext. Das Potenzial der Veränderbarkeit ist enorm. Oft sind es auch neue Menschen, die mich umgeben und mich neu in meinen Fähigkeiten und Veranlagungen widerspiegeln, mich ermutigen und stimulieren. Genauso, wie wir schreiben und lesen lernen, müssen wir uns *entwickeln lernen*.

Der Philosoph Plutarch (46 – 125 v. Chr.) befand (wie später Montaigne und Hume): *Der Charakter ist weiter nichts als eine langwierige Gewohnheit.* Das ist sicher etwas vereinfacht, aber tatsächlich bilden neue Gewohnheiten langfristig auch neue Charakterzüge heraus. Arbeit ist zum Beispiel einer der besten Erzieher des Charakters. Ich werde nie vergessen, dass ich nach dem Studium in meiner ersten beruflichen Position rund drei Jahre brauchte, bis ich mich an feste Arbeitszeiten, Disziplin, Durchhaltevermögen und Zuverlässigkeit gewöhnt hatte. Aus dem Studenten wurde ein Berufstätiger, aus dem freischwebenden Geist ein Fachmann.

Nach den äußeren Umständen kommt ein wichtiges und unbequemes Element hinzu. C. G. Jung sagt, der menschliche Charakter ist an sich konservativ, inert, er ist träge, faul. Dann lässt er, wie wir bereits sahen, den entscheidenden Satz fallen: *Nur der schärfste Leidensdruck weckt den Charakter auf.*

So ist es, auch wenn wir es nicht gerne hören. Es ist die Krise, die mich mit den Unzumutbarkeiten meines Charakters konfrontiert. Ich bin für andere und für mich selbst in meiner Charaktererstarrung unzumutbar geworden. Mit Bockigkeit werde ich nicht weiterkommen. Mit Jammern zementiere ich nur mein Elend. Mit Bequemlichkeit und Faulheit bleibe ich in meinem Schicksalsloch sitzen. Mit Schweigen verschlimmere ich die Situation. Mit meiner ewigen Aggression löse ich meine Probleme nicht. Mit „immer nur lieb" sein, lasse ich mich weiter ausbeuten. Mit meinen Minderwertigkeitskomplexen komme ich nie aus meiner Zwergenexistenz. Mit meinen Rückzügen verbanne ich mich selbst ins Exil. Mit meiner Gefühlskargheit packe ich die Welt in eine Tiefkühltruhe. Mit meiner Helferei rund um die Uhr verliere ich mich selbst aus den Augen. Mit meiner Zwanghaftigkeit nehme ich mir Lebensfreude. Mit meinen hysterischen Inszenierungen mache ich mich vom Beifall der anderen abhängig.

Not lehrt beten sagt das Sprichwort. Aber sie bewirkt noch etwas viel Wichtigeres: Sie lässt mich Inventur und Kassensturz machen. Sie lässt mich kapitulieren. Sie lässt mich neu anfangen.

Die Entwicklung des Charakters ist, wie wir sahen, nicht für ein Trinkgeld zu haben. Ich muss, wenn es mir mit der Änderung ernst ist, schmerzhafte *Schattenarbeit* im Sinne C. G. Jungs leisten. Sie ist das beste Gegengift gegen meine Selbstidealisierung und Selbststilisierung. In der Schattenarbeit kann ich endlich den Balken aus meinen Augen ziehen. Das tut weh. Das braucht Zeit. Das ist eine detektivische Arbeit der Seelenerforschung. Im Zweifelsfall ist dabei die therapeutische Hilfestellung ein Segen.

Als begeisterter Gruppentherapeut kann ich den Gang in eine Gruppe nur empfehlen! Er verlangt Mut zur Öffnung. Die Rückmeldungen in der Gruppe sind liebevoll, aber auch aufrüttelnd und konfrontativ. Ich selbst bin in der Gruppentherapie vor vielen Jahren wieder lebendig geworden. Ich habe begriffen, dass andere Menschen auch nur mit Wasser kochen und dass Krisen, auch meine, notwendige, nach vorn gerichtete Bestandteile des Lebens sind.

Allerdings sollten wir bei der Arbeit am Charakter nicht masochistisch werden und uns über unsere Schattenseite definieren. *Schließlich ist ja nicht der Schatten das Wesentliche,* meint C. G. Jung (*Werke 16,* § 145), *sondern der Körper, der den Schatten erzeugt.* Wir sollten uns nie defizitorientiert, sondern grundsätzlich *ressourcenorientiert,* wie die Humanistische Psychologie sagt, betrachten. In uns verbirgt sich ein verzweigtes System lebensspendender Quellen.

Schließlich und von nicht zu unterschätzender Wichtigkeit ist bei der Metamorphose des Charakters die *Liebe* der entscheidende Transmissionsriemen. Ohne sie läuft nichts. Wo immer ich meinen Charakter betrachte, mich an ihm freue oder unglücklich über ihn bin, trete ich in einen Kontakt mit dem *inneren Kind,* also mit dem kleinen Jungen, mit dem kleinen Mädchen, das ich einmal war, und das diese charakterliche Mentalität entwickelt hat. Aus der Pädagogik wissen wir, dass ein Kind nur mit Liebe zum Lernen und zur Veränderung zu gewinnen ist. Genauso muss ich mit meinem inneren Kind und mit mir umgehen, wenn ich mich ändern will.

Ein Suchtverhalten bekomme ich kaum mit Schimpfen weg. Ich muss vielmehr liebevoll hinschauen: Welche Sehnsucht steckt hinter meiner Sucht? Welche Leere versuche ich mit meinem Essen, Rauchen, Trinken, TV-Konsum, Computerspielen zu füllen? Welche Liebe fehlt mir? Was stillt meinen seelischen Hunger und meinen geistigen Durst wirklich?

Sigmund Freud, den wir uns als kühlen und strengen Analytiker am Kopfende der Couch vorstellen, hat in Wirklichkeit sehr wohl um die Liebe als das letzte Geheimnis der Seelenarbeit gewusst. In seinem Aufsatz *Einige Charaktertypen aus der psychoanalytischen Arbeit* schreibt er über die Arbeit des Seelenarztes in ungewöhnlich weichen Tönen: *Er weiß ja in der Regel dem Kranken nichts anderes zu sagen, als was diesem sein eigener Verstand sagen kann ... Der Arzt bedient sich bei diesem Erziehungswerk irgendeiner Komponente der Liebe. Er wiederholt bei solcher Nacherziehung wahrscheinlich nur den Vorgang, der überhaupt die erste Erziehung ermöglicht hat. Neben der Lebensnot ist die Liebe die große Erzieherin.*

Eine Wunderpille für die Charakteränderung gibt es nicht. Veränderung ist knochenharte Arbeit. Wenn ich nicht so bleiben will, wie ich bin, muss ich als Erstes meine langjährige Abwehr überwinden. Wir Männer leisten erfahrungsgemäß den schärfsten Widerstand gegen jegliche Selbstveränderung. *Ich will so bleiben, so wie ich bin,* dieser Leitspruch wird in der Werbung jungen, dynamisch wirkenden Frauen angedichtet – in Wirklichkeit handelt es sich um eine klassische, verknöcherte Männermaxime. Wir weigern uns, zur Verzweiflung unserer Frauen, über uns selbst nachzudenken oder ein psychologisches

Buch zu lesen. Der Wunsch zur Veränderung entsteht jedoch erst aus dem Bewusstwerden der eigenen Probleme.

Ohne Bewusstwerdung kann der Prozess der Häutung nicht beginnen. Ich muss den *kairos, den richtigen Zeitpunkt,* wie die Griechen es nannten, treffen. Manchmal sind wir innerlich noch nicht so weit, obwohl das Wissen über die anstehende Notwendigkeit von Veränderungen in uns rumort. Wie oft sagt mir ein Klient: *Ja, ich weiß, ich muss dringend mit dem Fressen aufhören, aber irgendwie bin ich noch nicht bereit dazu.*

Dann gilt es, sich auf die Veränderung vorzubereiten, sich mit dem neuen Selbst vertraut zu machen: Wie wird sich mein Leben bereichern? Welche Vorteile werde ich aus meiner neuen charakterlichen Disposition ziehen? Mit welchen konkreten kleinen Schritten schaffe ich Veränderungen?

Schließlich gilt es zu handeln und dranzubleiben, den Rückschlägen Paroli zu bieten. Der alte Charakter ist wie ein Stück Gummiband, das immer wieder zurückschnellt. Häufig brauche ich Jahre dazu, die neue Charaktereinstellung zu stabilisieren. Am schwierigsten ist die Zeit im Niemandsland zwischen dem *Nicht-Mehr* des Alten und dem *Noch-Nicht* des Neuen.

Charakteränderungen machen nicht selten auch traurig, weil wir etwas aufgeben, was uns in unserer zurückliegenden Lebensphase kostbar war. Wenn ich als Mann oder als Frau ein bewegtes Single-Dasein aufgebe, das mir so manche köstliche Wanderung im Fleisch bescherte, und in einer stabilen Beziehung „brav" zu werden versuche, bedeutet das für mich Gewinn und Verlust zugleich. Der französische Romancier Anatole France erkannte richtig: *Allen Veränderungen, selbst jenen, die wir ersehnt haben, haftet etwas Melancholisches an; denn wir lassen einen Teil von uns selbst zurück; wir müssen ein Leben sterben, ehe wir ein anderes beginnen können.*

Der deutsche Mystiker Jakob Böhme (1575 – 1624) formuliert dieses ewige Stirb und Werde des Charakters in einem faszinierenden Vierzeiler:

> *Wer nicht stirbt,*
> *bevor er stirbt,*
> *der verdirbt,*
> *wenn er stirbt.*

Fritz Künkel teilt den Prozess der Charakterentwicklung in vier Stadien ein: *Einsicht, Eingeständnis, Bejahung, Umkehr.* Die *Einsicht* ist nach Künkel die erste Stufe der inneren Klärung. Einsicht kann heißen: *Durch mein unfreundliches Verhalten zwinge ich meinen Partner zur Unfreundlichkeit.*

Die zweite Stufe des *Eingeständnisses* bedeutet, den Schleier hinter all meinem Gerede wegzureißen. Auch wenn ich mich noch so grimmig in meine Leiden, in meinen Hass gegen die Menschen und meine Anklagen gegen das Schicksal eingebohrt habe, muss ich endlich gestehen, dass hinter all dieser Menschenverachtung und Wut eine kindliche Sehnsucht nach Gemeinschaft und Liebe verborgen liegt.

Jetzt komme ich nicht um die *Bejahung* der Wirklichkeit herum. Ich darf nicht länger darüber klagen, wie die Vergangenheit verlaufen ist, sondern ich muss dafür sorgen, dass die Zukunft besser wird. *Ich gebe es auf, um eine bessere Vergangenheit zu kämpfen* (Walther H. Lechler), denn dieser Kampf ist nicht zu gewinnen. Ich muss Verantwortung für mich übernehmen, die Last der Entscheidung tragen. Ich erlebe damit, wie Künkel betont, etwas Erschütterndes: *Wer erlebt, dass er der Träger seines Schicksals ist, auch da noch, wo er sich dem Schicksal völlig zu entziehen trachtet, der spürt, was es bedeutet, Subjekt zu sein. Er erlebt in sich selber die Würde des Menschen, derer man sich auch durch die klügsten Winkelzüge und Kunstgriffe nicht entledigen kann. Und ihm ist geholfen.*

Das Ergebnis ist die *Umkehr*. Das eine Mal bricht sie jäh und stürmisch herein nach jahrzehntelanger Unlebendigkeit, das andere Mal vollzieht sie sich in winzig kleinen Schritten. Künkel: *Die Reifung, die Klärung oder die Heilung besteht immer in einem Anwachsen des Subjektseins gegenüber dem Objektsein… Neue Krisen werden den Menschen erfassen, werden ihn vielleicht tiefer stürzen als vorher, aber der Grad seiner Reife, seiner Tragfähigkeit und seiner geistigen Wirksamkeit wird zunehmen von Krisis zu Krisis.*

Mich gegen die Entwicklung des Charakters zu stemmen, bedeutet, die schwere Seelenkrankheit der Psychosklerose zu riskieren. Nicht nur die Arterien können verkalken, sondern, schlimmer noch, der Charakter. Leben ist Erziehung. Wir durchlaufen sie grundsätzlich zwei Mal. Die erste Erziehung leisten unsere Eltern, Geschwister, Großeltern, Freunde und Lehrer. Die zweite Erziehung lassen wir uns selbst angedeihen: Die Selbsterziehung macht uns erst vollends reif und zu souveränen Subjekten.

Fritz Riemann nennt es ein Ideal, wenn wir positive schizoide, depressive, zwanghafte und hysterische Charakterzüge in Harmonie in uns vereinigen könnten. Das werden wir nie erreichen, aber das könnte ein Leitbild sein. Riemann formuliert es wunderbar: *Wenn es jemanden gäbe, der sowohl die Angst vor der Hingabe im echten Sinne verarbeitet hätte und sich in liebendem Vertrauen dem Leben und den Mitmenschen öffnen könnte; der zugleich seine Individualität in freier, souveräner Weise zu leben wagte, ohne die Angst, aus schützenden Geborgenheiten zu fallen; der weiterhin die Angst vor der Vergänglichkeit angenommen hätte, und dennoch die Strecke seines Lebens fruchtbar und sinnvoll zu gestalten vermöchte; und der schließlich die Ordnungen und Gesetze unserer Welt und unseres Lebens auf sich nähme, im Bewusstsein ihrer Notwendigkeit und Unausweichlichkeit, ohne die Angst, durch sie in seiner Freiheit zu sehr beschnitten zu werden – wenn es einen solchen Menschen gäbe, wir würden ihm zweifellos die höchste Reife und Menschlichkeit zuerkennen müssen.*

Ich hoffe, liebe Leserin, lieber Leser, du hast dich in den Charakterbildern und deren Vermischung ohne Beschämung wiedergefunden und spürst jetzt verstärkt die Lust, an deinem Wesen zu arbeiten. Du bist der Künstler und der Marmor, die Experimentatorin und die Probandin zugleich. Du stehst im

Laboratorium deines Lebens. Du kannst die Essenzen selbst mischen und zu einer neuen Synthese zusammenfügen. Du bist einmalig, kostbar, unfertig und widersprüchlich in deinem Charakter. Das braucht dich nicht zu erschrecken. Das ist gut so.

Ich möchte dir am Ende unserer Reise durch das Labyrinth des Charakterreiches eine geistige Ermutigung schenken. Sie stammt, wie ich in meinem Buch *Seneca. Wege zur inneren Freiheit* dargestellt habe, aus dem Denken des großen römischen Humanisten und stoischen Philosophen, der von 4 v. Chr. bis 65 n. Chr. lebte. Seneca hinterließ in seiner *Trostschrift für Marcia* – einer um ihren verstorbenen Sohn trauernden Römerin – ein Vermächtnis unerschütterlicher menschlicher Hoffnung:

Was ist der Mensch? Ein Gefäß, das zerbricht, wenn man es nur schüttelt oder rüttelt. Es bedarf keines großen Sturmes, damit du zerspringst ... Was ist der Mensch? Ein schwacher, hinfälliger Körper, nackt, von Natur aus wehrlos, fremder Hilfe bedürftig, allen Kränkungen des Schicksals ausgeliefert ... ein morsches, gebrechliches Wesen, das weinend sein Leben beginnt. ...

Und doch: Was für große Stürme erregt mitunter dieses so verachtete Geschöpf, zu welchen Gedanken schwingt es sich, seine Lage vergessend, auf! Unsterbliches, Ewiges wälzt es in seinem Sinn, entwirft Pläne für Enkel und Urenkel.

Charakter ist Mitgift und Hypothek zugleich. Was uns bleibt, ist, die drückenden Hypothekenzinsen der Vergangenheit zu tilgen und uns ein weitgehend (schulden-) freies Wesen für die charakterliche Zukunft zu erarbeiten. Lernen wir die Kunst, uns zu erkennen und uns zu entwickeln.

Ein Verlag, ein Haus, eine Philosophie.

Millionen Bundesbürger kennen den kämpferischen Ganzheitsarzt Dr. Max Otto Bruker (1909–2001) aus dem Fernsehen, aus Vorträgen, durch den „Mundfunk" überzeugter Patienten. Vor allem lesen sie aber die rund 30 Bücher des schwäbischen Humanisten und Seelenarztes. Mit einer Gesamtauflage von mehreren Millionen Exemplaren ist Max Otto Bruker der wohl bedeutendste medizinische Erfolgsautor im deutschsprachigen Raum. Der – in der Nachfolge des Schweizer Reformarztes Bircher-Benner scherzhaft „Deutschlands Vollwertpapst" genannte – Massenaufklärer, langjährige Klinikchef und Ernährungsspezialist lehrt zwei fundamentale Erkenntnisse Patienten wie Gesunden: Der Mensch wird krank, weil er sich falsch ernährt. Der Mensch wird krank, weil er falsch lebt.

Hinter den Erfolgstiteln des emu-Verlages steht ein bedeutender Forscher und Arzt, eine Bewegung, ein Haus und tausende Schülerinnen und Schüler. 1994 wurde das „Dr.-Max-Otto-Bruker-Haus", das Zentrum für Gesundheit und ganzheitliche Lebensweise, auf der Lahnhöhe in Lahnstein bei Koblenz bezogen. Es stellt die äußere Krönung des Brukerschen Lebenswerkes dar: Der lichte Bau mit seinem Grasdach, den Sonnenkollektoren, seinen Seminarräumen, dem Foyer mit der Glaskuppel, 17 biologischen Gäste-Appartements, dem wunderschönen Brukergarten mit Kneippanlage, Raum der Stille, Naturwald mit Barfußpfad und dem Lehrpfad sind als Treffpunkt für all jene konzipiert, denen körperliche und seelische Gesundheit, ökologische und spirituelle Harmonie Herzensbedürfnis und Sehnsucht sind.

Hinter dem eleganten Halbmondkorpus mit dem markanten Grasdach verbirgt sich eine Begegnungsstätte für Gesundheitsbewusste, Seminarteilnehmer, Trost-, Ruhe- und Anregungsbedürftige.

Feste Termine:

Jeden Dienstag, 18.30 Uhr: Vortrag Dr. phil. Mathias Jung (Lebenshilfe und Philosophie)
Jeden Mittwoch, 10.30 Uhr: Fragestunde mit Dr. med. Jürgen Birmanns (Ärztlicher Rat aus ganzheitlicher Sicht)

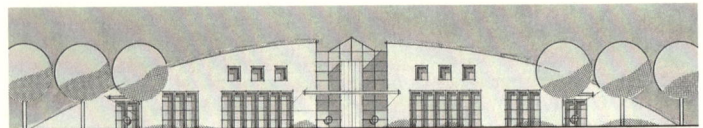

Das Dr.-Max-Otto-Bruker-Haus

Ausbildung Gesundheitsberater/in GGB
Lebensberatung/Frauen-, Männer- und Paargruppen

Die vitalstoffreiche Vollwertkost hat ihre Verbreitung, auch im klinischen Bereich, durch die unermüdliche Information und praktische Durchführung von Dr. M. O. Bruker gefunden. Um die Erkenntnisse gesunder Lebensführung und die durch falsche Ernährung provozierte Krankheitslawine ins öffentliche Bewusstsein zu rücken, bildet die von ihm 1978 gegründete „Gesellschaft für Gesundheitsberatung GGB e. V." ärztlich geprüfte Gesundheitsberater/-innen GGB aus. Über 6000 Frauen und Männer haben bislang die berufsbegleitende Ausbildung bestanden und wirken in Volkshochschulen, Bioläden, Lehrküchen, Krankenhäusern, ärztlichen Praxen, Krankenversicherungen und ähnlichen Bereichen.

Das Basiswissen Ernährung und Gesundheit wird im Grundlagenseminar vermittelt. Es kann von jedem Interessierten besucht werden. Auf der Lahnhöhe erhalten Sie durch das GGB-Expertenteam nicht nur eine sorgfältige Grundlagenausbildung über die vitalstoffreiche Vollwerternährung und den Krankmacher der „entnatürlichten" (denaturierten) Zivilisationsernährung (raffinierter Fabrikzucker, Auszugsmehle, fabrikatorische Öle und Fette, tierisches Eiweiß usw.), sondern gewinnen auch Einblick in die leibseelischen Zusammenhänge der Krankheiten.

Praxisseminare/Kochkurse

Das Dr.-Max-Otto-Bruker-Haus verfügt über eine Lehrküche sowie einen großen Kräutergarten. Es werden zahlreiche vegetarische Koch- und Backkurse für eine moderne vitalstoffreiche Vollwertkost angeboten. Der Schwerpunkt liegt auf einer „alltagstauglichen", aber dennoch fantasievollen, gesunden Ernährung ohne Tiereiweiß.

Das Programm umfasst Einführungskurse in die vitalstoffreiche Vollwertkost, Brotbackkurse, Männerkochkurse, Weihnachtsbäckerei und seit 2011 auch Wildkräuterseminare (incl. Zubereitung von Wildkräutergerichten).

Anfragen zur Gesundheitsberater-Ausbildung und Praxis-Seminaren in der Lehrküche in Lahnstein, wie zu den Selbsterfahrungsgruppen, Lebensberatung, Paartherapie und Psychotherapie bei Dr. Mathias Jung und Psychologischer Psychotherapeut Hassan El Khomri, zu weiteren Tages- und Wochenendseminaren sowie Einzelberatung sind zu richten an die

Gesellschaft für Gesundheitsberatung GGB e.V.,
Dr.-Max-Otto-Bruker-Str. 3
56112 Lahnstein
Tel.: 02621/91 70 17, 91 70 18, Fax: 02621/91 70 33
E-Mail: seminare@ggb-lahnstein.de
Internet: www.ggb-lahnstein.de

Fordern Sie ebenfalls ein kostenloses Probe-Exemplar der Zeitschrift „Der Gesundheitsberater" an.

Von Dr. Jung sind im emu-Verlag bisher in der „blauen reihe" erschienen:

Von Dr. Jung sind im emu-Verlag bisher in der „roten reihe" erschienen:

Von Dr. Jung sind im emu-Verlag bisher in der "gelben reihe" erschienen:

Von Dr. Jung sind im emu-Verlag bisher in der Sprechstunden-Reihe erschienen:

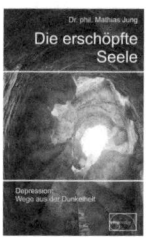

Von Dr. Jung sind im emu-Verlag bisher in der Sprechstunden-Reihe erschienen:

Von Dr. Jung sind im emu-Verlag bisher in der „kleinen reihe" erschienen: